Kabala
be paslapčių

Michael Laitman

Kabala be paslapčių

Michael Laitman
Kabbalah Revealed
The Ordinary Person's Guide to a More Peaceful Life

Iš anglų kalbos vertė
Sofija Tinovskytė

kabbalah.info/lt
info@kabala.lt

© Published by Laitman Kabbalah Publishers 2023
ISBN 978-1-77228-156-9

Turinys

1. Kabala anksčiau ir dabar 7
   Bendras Sumanymas 8
   Mokslo lopšys 10
   Kiti keliai 12
   Svarbiausi klausimai 13
   Kabalos atsiradimas 14
   Pokyčių variklis 15
   Užimti vairuotojo vietą 16
   Paslėpti, ieškoti... ir nerasti 18
   Globali krizė turi laimingą pabaigą 20
   Egoizmas – spąstai 21
   Vienybės būtinybė 23
   Platesnis suvokimas 26
   Atėjo metas 28
   Išvados 30
2. Pats didžiausias noras 31
   Postūmis – augimo pagrindas 33
   Už uždarų durų 35
   Norų evoliucija 37
   Norų valdymas 40
   Naujo noro atsiradimas 42
   Naujo noro realizacijos metodas 43
   Egoistinio noro ištaisymas 45
   Išvados 47

3. Kūrinijos ištakos ...49
   Dvasiniai pasauliai ...51
   Keturios pagrindinės stadijos ...53
   Kūrimo Sumanymo paieškos ...58
   Maršrutas ...63
   Viršus ir apačia ...65
   Adam Rišon – bendroji siela ...69
   Išvados ...71
4. Mūsų visata ...73
   Piramidė ...75
   Kaip viršuje, taip ir apačioje ...77
   Laiptais aukštyn ...79
   Dvasingumo siekis ...83
   Išvados ...89
5. Kieno realybė yra realybė ...91
   Trys ribojimai studijuojant kabalą ...95
   Realybės suvokimas ...99
   Suklydimo spąstai ...101
   Neegzistuojanti realybė ...102
   Matavimo prietaisas ...105
   Šeštas pojūtis ...107
   Jeigu yra kelias – yra kas juo veda ...109
   Kūrimo Sumanymas ...112
   Rešimot: atgal į ateitį ...114
   Išvados ...117

6. Siauras kelias, vedantis į laisvę 119
Tamsa prieš aušrą 122
Šaunus pasaulis už keturių žingsnių 127
Pažink savo galimybių ribas 130
Gyvenimo „vadelės" 132
Pakeisti save keičiant visuomenę 134
Keturi faktoriai 136
Vienos veislės paukščiai 140
Jokių anarchistų 143
Egoizmo mirtis neišvengiama 145
Gydymas 147
Paslėptis..149
Laisvo pasirinkimo sąlygos 151
Laisvas pasirinkimas 152
Dviem žodžiais 155

1 skyrius

Kabala anksčiau ir dabar

Bendras Sumanymas

Niekam ne paslaptis, kad kabala nėra šiuolaikinių madingų Holivudo vėjų vaisius. Šis mokslas gyvuoja jau tūkstantmečius. Jo atsiradimo metu žmonės buvo daug arčiau gamtos nei dabar. Jie jautė gamtą ir puoselėjo glaudų ryšį su ja.

Anuomet žmonės neturėjo ypatingų priežasčių atsiriboti, nes nebuvo tokie egocentriški ir atitrūkę nuo gamtos, kokie esame mes. Žmonija buvo neatsiejama gamtos dalis ir siekė geriau pažinti ją supantį pasaulį. Nepakankamas gamtos dėsnių žinojimas neleido jaustis saugiai: žmones gąsdino stichijų galia ir jie nevalingai suvokdavo jas kaip aukštesniąsias jėgas.

Būdami glaudžiai susiję su gamta ir kartu bijodami jos, žmonės siekė ne tik pažinti supantį pasaulį, bet ir, svarbiausia, išsiaiškinti, kas jį valdo.

Tais senais laikais žmonija negalėjo taip kaip šiandien pasislėpti nuo stichijų siautėjimo, išvengti negandų, kurių mūsų „sukurtasis" pasaulis nežino. Taigi gamtos baimė ir artimas ryšys su ja daugelį skatino ieškoti tam tikro sumanymo, kurį gamta parengė jiems, vadinasi, ir mums visiems. Šie pirmieji supančio pasaulio tyrėjai norėjo žinoti, ar pasaulis turi kokį nors tikslą ir, jei taip, koks vaidmuo sumanytas žmonijai. Tie, kurie sugebėjo pasiekti aukščiausią Kūrimo Sumanymo pažinimo lygį, ėmė vadintis „kabalistais".

Išskirtinė asmenybė tarp šių "pionierių" buvo žmogus, vardu Abraomas. Jis garsus tuo, kad pats ne tik nuodugniai ištyrė Kūrimo Sumanymą, bet ir perteikė įgytas žinias kitiems. Kartą jis suvokė, jog vienintelis būdas žmonėms išsivaduoti iš baimės bei kančių yra visiškas gamtos ketinimų jų atžvilgiu supratimas, ir todėl negailėdamas jėgų ėmė mokyti visus, kas tik to norėjo. Taigi Abraomas tapo pirmuoju kabalistu, pradėjusiu kabalos mokytojų plejadą: gabiausi jo mokiniai tapdavo mokytojais, kurie savo ruožtu perduodavo žinias kitai sekėjų kartai.

Kabalistai bendros programos autorių vadina "Kūrėju", o pačią programą – "Kūrimo Sumanymu". Kitaip tariant, kai kabalistai kalba apie gamtą ir jos dėsnius, jie turi omenyje Kūrėją, o kalbėdami apie Kūrėją – gamtą bei jos dėsnius. Šie terminai sinonimiški.

Terminas "kabalistas" kilęs iš hebrajų kalbos žodžio "kabala" (gavimas). Hebrajų yra originali kabalos kalba, kurią iš pat pradžių kabalistai kūrė tam, kad galėtų bendrauti tarpusavyje dvasinėmis temomis. Daug kabalos knygų parašyta ir kitomis kalbomis, tačiau pagrindiniai terminai visada yra hebrajų kalba.

Apibūdinimas "Kūrėjas" kabalistui nusako ne konkrečią, antgamtinę būtybę, o kitą pakopą, į kurią, įgydamas aukštesnio lygio žinojimą, turi pakilti žmogus. Hebrajų žodis "bore" (Kūrėjas) sudarytas iš dviejų žodžių: "bo" (ateik) ir "re" (išvysk). Tad "Kūrėjas" – tai kvietimas kiekvienam žmogui pažinti dvasinį pasaulį.

Mokslo lopšys

Žinios, kurias įgijo pirmieji kabalistai, padėjo jiems ne tik suvokti nematomąją vyksmo pusę, bet ir paaiškinti gamtos reiškinius, su kuriais mes visi susiduriame. Taigi natūralu, kad pirmieji kabalistai tapo mokytojais, o jų perduotos mokslinės žinios sudarė tiek senovinių, tiek šiuolaikinių mokslų pagrindą.

Galbūt kas nors įsivaizduoja kabalistus kaip atsiskyrėlius, žvakių menkai apšviestuose kambarėliuose rašančius paslaptingus rankraščius. Ir tai suprantama, nes iš tiesų iki XX amžiaus pabaigos kabala buvo laikoma paslaptyje. Mistinė atmosfera apie šį mokslą pagimdė įvairiausias istorijas bei legendas, ir nors dauguma jų melagingos, jos iki šiol glumina ir klaidina netgi rimčiausius mąstytojus.

Gotfrydas Leibnicas, didis matematikas ir filosofas, atvirai dėstė savo mintis, kaip slaptumas paveikė kabalą: „Kadangi žmonės neturėjo tikrojo rakto į Paslaptį, žinių aistra virto įvairiais niekais ir prietarais, iš ko atsirado savotiška „vulgarioji kabala", visiškai neatitinkanti tikrosios, taip pat įvairiausios fantazijos melagingu magijos pavadinimu, ir šito pilnos knygos."

Tačiau kabala ne visuomet buvo slapta. Pirmieji kabalistai atvirai dalijosi savo išmintimi ir aktyviai dalyvavo visuomenės gyvenime. Bendravimas su kabalistais turėjo įtakos jų laikų mokslininkams ir padėjo formuotis vadinamosios „Vakarų filosofijos" pagrindams, o šie vėliau paklojo šiuolaikinio mokslo pamatus. Štai ką rašo klasicizmo tyrinėtojas, senovės kalbų bei literatūros specialistas, humanistas Johanas Roichlinas (Johannes Reuchlin) savo knygoje *De Arte Cabbalistica*: „Mano mokytojas Pitagoras, filosofijos tėvas, perėmė savo mokymą iš kabalistų ... Jis pirmasis išvertė žodį „kabala", nežinomą jo amžininkams, į graikų kalbą žodžiu „filosofija". Kabala nepalieka mūsų trūnyti dulkėse, o iškelia mūsų protą į pažinimo viršūnę."

Kiti keliai

Bet filosofai nebuvo kabalistai. Kadangi jie nestudijavo kabalos, tai negalėjo iki galo suprasti ir šios išminties gelmės. Todėl žinios, kurios turėjo būti plėtojamos ir taikomos labai savitu būdu, buvo plėtojamos ir taikomos iškreiptai. O kai kabalos mokslas pateko į kitas pasaulio dalis, kur tuo metu nebuvo kabalistų, jis irgi smarkiai kito.

Taigi žmonija nuėjo aplinkiniu keliu. Nors Vakarų filosofija perėmė kabalos žinių dalį, jos raida pasuko visiškai kita linkme. Vakarų filosofija pagimdė mokslus, kurie tyrinėja mūsų materialų pasaulį, suvokiamą penkiais jutimo organais. Tačiau kabala yra mokslas, studijuojantis, kas vyksta už mūsų prigimtinių jutimų ribų. Pasikeitę prioritetai nuvedė žmoniją priešinga pradiniam žinojimui, kurį įgijo kabalistai, kryptimi. Taip žmonija buvo priversta ilgai eiti aplinkkeliu, o to pasekmes nagrinėsime kitame skyriuje.

Svarbiausi klausimai

Kabala tapo slaptuoju mokslu maždaug prieš 2000 metų. Priežastis paprasta – jos nereikėjo. Nuo to laiko žmonija užsiėmė monoteistinių religijų formavimu, o vėliau – mokslo plėtra. Tiek mokslas, tiek religija sukurti tam, kad būtų atsakyta į svarbiausius klausimus: „Kokia mūsų vieta pasaulyje, visatoje?", „Koks mūsų egzistencijos tikslas?" Kitais žodžiais tariant, „Kodėl mes gimėme?".

Tačiau šiandien daugelis žmonių kaip niekada aiškiai jaučia, jog tai, kas buvo veiksminga du tūkstančius metų, jau neatitinka jų poreikių. Religijos ir mokslo teikiami paaiškinimai daugiau jų nebepatenkina. Ieškodami atsakymų į pagrindinius klausimus apie gyvenimo prasmę žmonės kreipiasi į kitus šaltinius: vieni į Rytų mokymus, likimo pranašautojus, magiją ir mistiką, kiti – į kabalą.

Kadangi kabala iš pat pradžių buvo sukurta šiems esminiams klausimams išaiškinti, ji tiesiai į juos ir atsako. Iš naujo atrasdami senovės laikų atsakymus į klausimą apie gyvenimo prasmę, mes tiesiog užtaisome spragą tarp žmonijos ir gamtos, kuri atsirado, kai nuo kabalos nusisukome į filosofiją.

Kabalos atsiradimas

Kabala „debiutavo" maždaug prieš 5000 metų Mesopotamijoje – senovės valstybėje šiandieninio Irako teritorijoje. Mesopotamijoje atsirado ne tik kabala, bet ir visi kiti senovės mokymai, misticizmas. Tais laikais žmonės tikėjo daugybe skirtingų mokymų, o neretai keletu vienu metu. Astrologija, ateities spėjimas, numerologija, magija, kerėjimas, burtai, nužiūrėjimas – visa tai ir dar daugiau plito bei klestėjo Mesopotamijoje, senovės pasaulio kultūros centre.

Kol žmonės tenkinosi turimais tikėjimais, pokyčių nereikėjo. Žmonėms terūpėjo, kaip savo gyvenimui suteikti saugumo ir malonumo. Jie neklausinėjo apie gyvenimo ištakas ir, svarbiausia, apie tai, kas sukūrė gyvenimo dėsnius.

Iš pirmo žvilgsnio gali pasirodyti, jog skirtumas tarp šių klausimų labai menkas. Bet iš esmės klausimas apie gyvenimo ištakas skiriasi nuo klausimo apie dėsnius, kurie jį valdo, kaip kad mokėjimas vairuoti automobilį nereikalauja mokėti jį sukonstruoti. Tai visiškai kitas žinių lygmuo.

Pokyčių variklis

Norai neatsiranda kaip perkūnas iš giedro dangaus. Jie nesąmoningai formuojasi mumyse ir tik įgiję užbaigtą pavidalą iškyla į paviršių. Iki tos akimirkos mes visai nejaučiame noro arba, kaip dažniausiai ir būna, jaučiame nepaaiškinamą nerimą. Visi esame patyrę jausmą, kai kažko norime, bet tiksliai nežinome ko. Tai ir yra nesubrendęs noras.

Platonas kartą pasakė: „Būtinybė – išradingumo motina" – ir buvo teisus. Kabala irgi mus moko, kad vienintelis būdas ką nors sužinoti – pirmiausia panorėti tai sužinoti. Labai paprasta formulė: ko nors panorėję visais įmanomais būdais imame to siekti. Mes surandame laiko, sutelkiame jėgas ir įgyjame būtinus įgūdžius. Taigi noras yra bet kokių pokyčių variklis.

Mūsų norų evoliucija nulemia ir formuoja visą žmonijos istoriją. Augantys norai skatino žmones tirti supančią aplinką, kad galėtų patenkinti naujus poreikius. Skirtingai nuo negyvosios gamtos, augalų ir gyvūnų, žmonės nuolatos vystosi. Kiekvienos naujos kartos ir kiekvieno žmogaus norai vis didėja ir stiprėja.

Užimti vairuotojo vietą

Šis pokyčių šaltinis – noras – sudarytas iš penkių lygių, pradedant nuliniu ir baigiant ketvirtuoju. Kabalistai jį vadina „noru gauti malonumą" arba tiesiog „noru gauti". Kabalai atsiradus (maždaug prieš 5000 metų), noras gauti buvo nulinio lygio. Šiandien, kaip galite suprasti, pasiekėme ketvirtąjį, patį svarbiausią jo raidos etapą.

Gilioje senovėje, kai vyravo nulinio lygio noras, neturėjome tokių didžiulių poreikių, kad atsiribotume nuo gamtos ir vienas nuo kito. Bendrumas, susiliejimas su supančia aplinka buvo natūralus gyvenimo būdas, o šiandien daugelis pasirengę mokėti nemažus pinigus, kad išmokę medituoti iš naujo pasinertų į šią pirminę būseną (ir pripažinkime, ne visada sėkmingai). Žmonės nė nemanė, jog gali tapti atskirti nuo gamtos.

Tais laikais bendraujant netgi nereikėjo žodžių, nes žmonės sudarė vieną visumą ir gebėjo telepatiškai perduoti mintis. Iš tiesų tai buvo vienybės metas, ir visa žmonija buvo tarsi viena tauta.

Pokyčiai prasidėjo dar tuomet, Mesopotamijoje: žmonių norai ėmė didėti ir darytis vis egoistiškesni. Užuot geriau prisitaikę, adaptavęsi prie gamtos, žmonės panoro keisti pasaulį, kad patenkintų savo pačių poreikius, dėl ko tik atsiribojo ir susvetimėjo. Šiandien, po daugelio amžių, suprantame, jog tai nebuvo gera idėja. Ji tiesiog neveiksminga.

Natūralu, kad žmonės, supriešindami save su viskuo aplink, nebesielgė vienas su kitu kaip vienos šeimos nariai ir nebežiūrėjo į gamtą kaip į savo namus. Meilę pakeitė neapykanta ir vieninga tauta susiskaldė. Iš pradžių skilo į dvi grupes, kurios atsiskyrusios pasuko viena į rytus, kita į vakarus. Tos grupės, toliau tebesiskaidydamos, galiausiai ir suformavo visą šiandien egzistuojančių tautų įvairovę.

Vienas iš akivaizdžių pasidalijimo požymių – daugybės kalbų atsiradimas, kuris Biblijoje aprašytas kaip Babelio bokšto griūtis. Skirtingos kalbos atskyrė žmones vienus nuo kitų sukeldamos painiavą ir sąmyšį. Hebrajų kalbos žodis, reiškiantis painiavą, skamba „bilbul", taigi kilusiam sąmyšiui pažymėti Mesopotamijos sostinė ir buvo pavadinta Babel (Babilonas).

Po šio skilimo mūsų norai pakilo nuo nulinio lygio iki pirmojo ir mes ėmėme priešintis gamtai. Užuot taisę nuolat didėjantį egoizmą neardydami vienybės su gamta, t. y. su Kūrėju, sukūrėme mechaninį, technologinį skydą, kuris turėjo nuo jos pridengti. Iš pradžių vystėme mokslą ir technologijas, idant apsaugotų mus nuo stichijų šėlsmo. Tačiau, pasirodo, sąmoningai ar nesąmoningai iš esmės mėginame kontroliuoti Kūrėją ir užimti vairuotojo vietą.

Tuo metu, kai kilo visas šis sąmyšis, Abraomas gyveno Babilone ir padėjo tėvui gaminti dievų statulėles bei pardavinėti jas šeimos krautuvėje. Nesunku atspėti, jog Abraomas buvo pačiame Babilone klestėjusių idėjų kratinio viduryje – savotiškame senovės pasaulio Niujorke. Sąmyšis ir paakino Abraomą nuolat kelti klausimą: „Kas visa tai valdo?" – atsakymas į kurį leido jam atskleisti gamtos dėsnį. Suvokęs, jog sąmyšis ir susvetimėjimas turi tikslą, Abraomas nedelsdamas ėmė pasakoti apie tai visiems, kas tik norėjo klausytis.

Paslėpti, ieškoti... ir nerasti

Žmogaus egoizmas didėjo toliau ir su kiekvienu nauju lygiu mes vis tolome nuo gamtos (Kūrėjo). Kabaloje atstumas nematuojamas centimetrais ar metrais, jis apibūdinamas *savybėmis*. Kūrėjo savybės yra vientisumas bei davimas, ir tik įgiję tas pačias savybes galime Jį pajausti. Jei esu egocentriškas, jokiu būdu negalėsiu susijungti su altruistišku Kūrėju. Tai būtų tas pats kaip mėginti pamatyti kitą žmogų atsukus jam nugarą.

Kadangi su Kūrėju stovime nugara į nugarą ir vis dar norime Jį kontroliuoti, tai, aišku, juo labiau stengiamės, tuo stipriau nusiviliame. Neįmanoma išbandyti to, ko negalima pamatyti arba nors pajausti. Šio noro nepatenkinsime tol, kol neapsisuksime 180 laipsnių kampu, nepažvelgsime priešinga kryptimi ir neatrasime Jo.

Žmonės jau pradeda pavargti nuo neištesėtų technologijų eros pažadų apie turtus, sveikatą ir, svarbiausia, saugų rytojų. Šiandien vos saujelė žmonių turi visa tai, bet netgi jie negali būti tikri, jog rytoj jų nelaukia permainos. Ši būsena naudinga tuo, kad verčia mus peržiūrėti raidos kryptį ir paklausti: „O galbūt mes visą laiką ėjome klaidingu keliu?"

Būtent šiandien, kai pripažįstame esant krizę ir susiduriame su beviltiška situacija, galime atvirai pareikšti, jog pasirinkome kelią, vedantį į aklavietę. Užuot mėginę technologijų plėtimu kompensuoti savo egocentrizmo prieš-

priešą su gamta, turėtume egoizmą pakeisti į altruizmą, nes tai leistų su ja susivienyti.

Toks pakeitimas kabaloje vadinamas „tikun" – „ištaisymu". Suvokti savo priešingumą Kūrėjui reiškia pripažinti Jo ir mūsų atsiskyrimą, įvykusį prieš penkis tūkstančius metų. Šis suvokimas vadinamas „blogio įsisąmoninimu". Tai nelengvas, bet pirmas žingsnis į tikrąją sveikatą bei laimę.

Globali krizė turi laimingą pabaigą

Per paskutiniuosius penkis tūkstantmečius kiekviena iš dviejų pirminių žmonių grupių, išėjusių iš Mesopotamijos, išsivystė į civilizaciją, kurią sudaro daugybė skirtingų tautų. Viena jų tapo vadinamąja „Vakarų civilizacija", o kita – „Rytų civilizacija".

Didėjantys prieštaravimai tarp jų liudija, kad procesas, prasidėjęs nuo pirmojo žmonių pasidalijimo, artėja prie pabaigos. Prieš penkis tūkstančius metų viena tauta susiskaldė dėl padidėjusio jos narių egoizmo, kuris sužadino nesantaiką. Mums vis dar nepavyko pajudėti iš mirties taško, bet šiandien tai suvokiame jau daug geriau.

Kabalos išmintis sako, kad šiandieninė kultūrų priešprieša ir mistinių srovių, kurių buvo gausu senovės Mesopotamijoje, populiarumas rodo žmonijos vienijimosi į naują civilizaciją pradžią. Imame suprasti, kad esame susieti tarpusavyje ir turime grįžti į būseną, buvusią iki pasidalijimo. Atkūrę vieningą žmoniją, vėl užmegsime ryšį su gamta, su Kūrėju.

Egoizmas – spąstai

Egoizmas yra spąstai, kurie situaciją padaro neišsprendžiamą, o veiksmus – beprasmiškus, jis pats save demaskuoja ir rodo mums, jog būtina jį sunaikinti ir išsitaisyti. Misticizmo klestėjimo laikais kabalos išmintis buvo atskleista, ji suteikė žmonėms žinių apie laipsnišką mūsų egoizmo augimą bei jo atsiradimo priežastis. Kabalistai teigė, kad viską, kas egzistuoja, sudaro noras užsipildyti malonumu. Tačiau natūralūs egoistiniai norai negali būti patenkinti. Taip yra todėl, kad tenkindami tam tikrą norą, mes jį mažiname, o sumažinę liaujamės mėgautis tuo, ko norėjome. Pavyzdžiui, prisiminkite savo mėgstamiausią patiekalą. Įsivaizduokite save prabangiame restorane, patogiai įsitaisiusį prie stalo: besišypsantis padavėjas atneša uždengtą lėkštę, padeda ją prieš jus ir nukelia dangtį. Mmmm... Koks pažįstamas žavus kvapas! Ar jūs jau mėgaujatės? Jūsų kūnas – taip, todėl jis ima gaminti seiles bei skrandžio sultis vien nuo minties apie šį gardėsį.

Tačiau tą pačią akimirką, kai pradedate valgyti, malonumas mažėja. Kuo sotesni tampate, tuo mažiau malonumo patiriate. Pagaliau pasisotinę jūs nebejaučiate jokio malonumo ir liaujatės valgyti. Liaujatės ne todėl, kad prisivalgėte, o todėl, kad skrandis pilnas ir valgis nebeteikia malonumo. Tai yra egoizmo „spąstai" – gavus, ko norėta, daugiau nebesinori.

Kadangi nepatirdami malonumo negalime gyventi, *turime* ieškoti naujų, vis didesnių malonumų. Todėl ir ugdome naujus norus, kurie irgi liks nepripildyti. Tai užburtas ratas. Iš esmės kuo daugiau norime, tuo tuštesni jaučiamės. O kuo tuštesni jaučiamės, tuo labiau nusiviliame.

Žmonija pasiekė itin reiklių norų lygmenį, kurio nebuvo per visą jos istoriją, ir mes priversti pripažinti, kad nors ir turime daug daugiau, nei turėjo mūsų tėvai bei protėviai, nepasitenkinimas kur kas didesnis, nei buvo kada nors anksčiau. Šis kontrastas (kiek mes turime ir kokie vis labiau nepatenkinti esame) ir pagimdo šiuolaikinę krizę. Kuo labiau egoistiškesni tampame, tuo didesnę tuštumą jaučiame ir tuo akivaizdžiau gilėja krizė.

Vienybės būtinybė

Iš pradžių visus žmones siejo vidinis ryšys. Mes laikėme save viena būtybe, taip su mumis elgiasi ir gamta. Ši „kolektyvinė" būtybė vadinama *Adomu*. „Adam" (iš hebrajų kalbos žodžio „dome") reiškia „panašus", t. y. panašus į Kūrėją, kuris irgi yra vienas vienintelis. Tačiau didėjant egoizmui pradinis bendrumas silpnėjo, mes palaipsniui praradome susietumo pojūtį ir ėmėme vis labiau tolti vienas nuo kito.

Kabalos knygose rašoma, kad gamta sumanė, jog mūsų egoizmas didės tol, kol suvoksime, kad esame susvetimėję ir nekenčiame vienas kito. Pagal jos planą pirmiausia turėjome pajusti visišką vienybę, o vėliau susiskaldyti ir tapti egocentriškais, atsiskyrusiais individualistais. Tik taip galime įsisąmoninti savo ir Kūrėjo priešingumą bei savąjį galutinį egoizmą.

Maža to, tai vienintelis būdas suvokti, kad mūsų egoizmas yra neigiamybė, negali patenkinti, kad jis visiškai beviltiškas. Kaip jau sakėme, egoizmas atskiria mus vieną nuo kito ir nuo gamtos, tačiau, kad tai pakeistume, pirmiausia turime suvokti, jog yra būtent taip. Šis suvokimas leis mums panorėti keistis ir ieškoti, kaip vėl susijungti su visa žmonija ir su gamta – Kūrėju. Juk mes jau žinome, kad noras yra pokyčių variklis.

Kabalistas Jehudis Ašlagas rašo, jog Šviesa, užpildydama norą ir iš jo išeidama, paruošia altruistinį indą, kad būtų tinkamas atlikti užduočiai. Kitais žodžiais tariant, jei norime jausti vienybę su Kūrėju, pirmiausia turime būti su Juo susijungę, o paskui tą ryšį prarasti. Patyrę abi būsenas, galėsime sąmoningai pasirinkti – tikroji vienybė privalo būti sąmoninga. Šį procesą galima palyginti su tuo, kaip mažylis jaučia ryšį su tėvais; paauglys prieš juos maištauja, o užaugęs supranta ir pateisina savo auklėjimą.

Iš tikrųjų mes nesirenkame altruizmo ar egoizmo. Mums tik atrodo, kad turime galimybę rinktis: būti egoistais ar altruistais. Tačiau tyrinėdami gamtą atrasime, jog altruizmas yra pagrindinis gamtos dėsnis. Pavyzdžiui, kiekviena kūno ląstelė iš prigimties egoistiška, bet, kad egzistuotų, turi atsisakyti savojo egoizmo viso kūno labui. Kaip atlygį ląstelė jaučia ne tik savo, bet ir viso organizmo gyvenimą.

Panašius tarpusavio santykius turime ugdyti ir mes. Tuomet, kuo labiau seksis susivienyti, tuo aiškiau jausime amžiną *Adomo* gyvenimą vietoj savo laikinos fizinės egzistencijos.

Šiandien, kaip niekada anksčiau, kad išgyventume, būtinas altruizmas. Jau akivaizdu, jog visi esame susiję ir priklausome vienas nuo kito. Ši priklausomybė verčia naujai ir itin tiksliai apibūdinti altruizmą. Bet koks veiksmas ar ketinimas, siekiantis suvienyti žmoniją, laikomas altruistiniu. Ir atvirkščiai, bet koks veiksmas ar ketinimas, nepadedantis žmonijai vienytis, yra egoistinis.

Taigi mūsų priešingumas gamtai ir yra visų kančių, kurias matome pasaulyje, šaltinis. Kitos sudėtinės gamtos dalys (mineralai, augalai ir gyvūnai) instinktyviai vadovaujasi altruizmo dėsniu. Vien žmogaus elgesys prieštarauja visai gamtai ir Kūrėjui.

Maža to, aplink regime ne tik žmonių kančias. Visos kitos gamtos dalys irgi kenčia nuo klaidingų mūsų veiksmų. Jei kiekviena gamtos dalis instinktyviai paklūsta gamtos dėsniui ir tik žmogus to nedaro, vadinasi, žmogus – vienintelis netobulas gamtos elementas. Paprastai tariant, kai ištaisysime savo egoizmą, pavertę jį altruizmu, išsitaisys ir visa kita: ekologija, ekonomika ir apskritai visos visuomenės problemos.

Platesnis suvokimas

Altruizmas apdovanojamas ypatingai. Gali atrodyti, jog vienintelis pasikeitimas tas, kad kitų žmonių interesai laikomi svarbesniais už savuosius, bet iš tikrųjų jis kur kas naudingesnis. Pradėję galvoti apie kitus, užmezgame tarpusavio ryšį.

Pažvelkime taip: šiandien pasaulyje gyvena apie 6,5 milijardo žmonių. Įsivaizduokite, kad jums teko juos valdyti, bet vietoj dviejų rankų, dviejų kojų ir vienerių smegenų turite 13 milijardų rankų, 13 milijardų kojų ir 6,5 milijardo galvų. Manote, bus sunku? Tikrai ne, nes visos smegenys dirbs kaip vienerios smegenys ir visos rankos veiks kaip viena rankų pora. Visa žmonija funkcionuos kaip vienas kūnas, kurio galimybės padidės 6,5 milijardo kartų.

Tačiau palaukite, juk mes dar neišvardijome visų altruizmo privalumų! Negana to, kad kiekvienas, įgijęs altruistines savybes, taps antžmogiu, jis dar gaus ir trokštamiausią dovaną: visa ko išmanymą, arba bendrą atmintį ir visuminį žinojimą. Kadangi altruizmas – Kūrėjo prigimtis, įgydami šią savybę savo prigimtimi atitiksime Jį ir įstengsime mąstyti kaip Jis. Imsime pažinti, kodėl viskas vyksta, kada turi įvykti ir ką derėtų daryti, kad rezultatas būtų kitoks. Kabaloje ši būsena vadinama „savybių panašumu" ir ji yra Kūrimo tikslas.

Tokia platesnio suvokimo, savybių panašumo būsena ir yra mūsų sukūrimo priežastis. Būtent todėl iš pradžių mus sukūrė vieningus, o po to suskaldė – kad vėl susivienytume. Vienydamiesi sužinosime, kodėl gamta elgiasi taip, o ne kitaip, ir tapsime tokie pat išmintingi kaip Mintis, kuri ją sukūrė.

Susijungę su gamta mes pasijusime tokie pat amžini ir tobuli kaip ji. Pasiekę šią būseną, netgi kūnui mirus jausime, jog tebeegzistuojame gamtos amžinybėje. Fizinis gyvenimas ir mirtis nebeturės mums įtakos, nes ankstesnį egocentrizmą pakeis holistinis, altruistinis suvokimas. Mūsų pačių būtis taps visos gamtos gyvenimu.

Atėjo metas

Knyga „Zohar", savotiška kabalos „Biblija", buvo parašyta maždaug prieš 2000 metų. Joje aiškinama, jog XX amžiaus pabaigoje žmonijos egoizmas pasieks neregėtai aukštą lygį. Kaip išsiaiškinome anksčiau, kuo daugiau žmogus nori, tuo tuštesnis jaučiasi. Taigi nuo XX amžiaus pabaigos žmonija patiria didžiausią tuštumą. Knygoje „Zohar" taip pat rašoma, kad pradėjusi jausti tokią tuštumą žmonija ims ieškoti būdo išsivaduoti iš tos būsenos ir prisipildyti. Tada, anot knygos „Zohar", ateis metas visai žmonijai atskleisti kabalą, padedančią supanašėjus su gamta įgyti pilnatvę.

Neprisipildysime akimirksniu ir ne visi vienu metu. Kad tai įvyktų, žmogus turi *norėti* išsitaisyti. Taisymosi metu ugdoma mūsų pačių valia.

Taisymasis prasideda žmogui suvokus, kad jo egoistinė prigimtis yra viso blogio šaltinis. Tai labai asmeniškas ir stiprus išgyvenimas, kuris neišvengiamai sukelia norą pasikeisti, iš egoizmo pereiti į altruizmą.

Kaip jau sakėme, Kūrėjas į mus žiūri kaip į vieną bendrą būtybę. Mes bandėme pasiekti savo tikslų egoistiškai, bet šiais laikais imame suvokti, jog problemas galima išspręsti tiktai kolektyviai ir altruistiškai. Kuo labiau įsisąmoninsime savąjį egoizmą, tuo stipriau norėsime pakeisti savo prigimtį. Atsiradus kabalai mes to nepadarėme, bet galime padaryti šiandien, nes dabar jau žinome, kad pasikeisti būtina!

Per penkis tūkstančius evoliucijos metų žmonija išbandė įvairius būdus, kaip patirti malonumą, – nusivylusi vienais būdais ji išrasdavo kitus. Viena metodika keisdavo kitą, bet mes netapome laimingesni. Dabar, atsiradus kabalos metodui, kurio tikslas – ištaisyti aukščiausio lygio egoizmą, mums nebereikia eiti nusivylimų keliu. Padedami kabalos mes galime tiesiog ištaisyti savo didžiausią egoizmą ir visi kiti ištaisymai vyks kaip domino efektas. Šio taisymosi metu galėsime patirti pilnatvę, dvasios pakilimą ir džiugesį.

Išvados

Kabalos išmintis (gavimo išmintis) atsirado maždaug prieš 5000 metų, kai žmonės pirmąkart pradėjo kelti sau klausimą apie būties prasmę. Tie, kurie ją suvokė, ėmė vadintis kabalistais, jie galėjo atsakyti į klausimą apie gyvenimo prasmę ir žmonijos vaidmenį visatoje.

Tačiau daugumos žmonių norai buvo pernelyg maži, kad pažadintų šių žinių siekį. Taigi kabalistai, pamatę, jog žmonijai nereikia jų išminties, paslėpė ją ir slapčia rengė tiems laikams, kai visi galės ją suvokti. Tuo tarpu žmonija plėtojo kitas savo veiklos kryptis, tokias kaip religiją ir mokslą.

Šiandien, kuomet vis daugiau žmonių įsitikina, jog nei religija, nei mokslas neatsako į esminius gyvenimo klausimus, paaiškinimų pradedama ieškoti kituose šaltiniuose. Ateina metas, kurio laukė kabala, ir todėl būtent dabar ji vėl iškyla į viešumą, kad atsakytų į klausimą apie mūsų egzistencijos prasmę.

Kabala mus moko, kad gamta, arba Kūrėjas, altruistiška ir vientisa. Ji teigia, jog būtina ne tik suprasti gamtą, bet ir siekti perimti jos egzistavimo būdą, pritaikyti jį sau.

Kabala taip pat aiškina, kad taip elgdamiesi mes ne tik prilygsime gamtai, bet ir suprasime Bendrą Sumanymą, kuris nulėmė jos būvį. Tada, kaip teigia kabala, suvokę Bendrą Sumanymą, mes tapsime panašūs į Sumanytoją, toks ir yra Kūrimo tikslas – mūsų ir Kūrėjo panašumas.

2 skyrius

Pats didžiausias noras

Dabar, kai šiek tiek susipažinome su kabalos istorija, pats metas pažvelgti, kaip ji siejasi su mumis.

Kaip daugelis jūsų jau žinote, studijuojant kabalą vartojami terminai, kurių dauguma kilę iš hebrajų kalbos, kai kurie – iš aramėjų, o dar kiti perimti iš kitų kalbų, pavyzdžiui, graikų. Tačiau galime jus nuraminti: pradedantiesiems ir netgi labiau pažengusiems studentams pakanka žinoti tik keletą terminų. Jeigu patiriate dvasines būsenas, kurias jie nusako, atskleisite ir teisingus tų būsenų pavadinimus.

Kabaloje kalbama apie norus ir jų tenkinimą. Ji tiria žmogaus sielą ir jos augimą nuo kuklios kelio pradžios (dvasinės sėklos) iki pergalingos pabaigos (Gyvybės medžio). Tačiau užtenka perprasti senovės išminties esmę ir visas kitas žinias atrasite savo širdyje.

Postūmis – augimo pagrindas

Pradėkime nuo to, kuo baigėme pirmąjį skyrių. Sakėme, kad ateitis galėtų būti puiki, jei tik išmoktume įveikti savo egoizmą – jungtis su kitais žmonėmis į vieną dvasinę būtybę. Taip pat sužinojome, jog yra priemonė šiam tikslui pasiekti – tam sukurtas kabalos metodas.

Apsižvalgius aplinkui galima aiškiai matyti, kad nejudame į pozityvią ateitį. Pasaulyje pribrendo gana rimta krizė! Net jeigu mes dar nepatyrėme neigiamų jos pasekmių, negalime būti tikri, kad ji mūsų nepalies. Panašu, jog nėra nė vienos srities, kur krizė nepaliktų savo žymės, – ar tai būtų mūsų asmeninis gyvenimas, visuomenė, kurioje gyvename, ar supanti aplinka.

Pačios savaime krizės nebūtinai yra negatyvūs reiškiniai; jos tiesiog rodo, kad dabartinė būklė mūsų jau nebetenkina ir atėjo metas judėti į priekį, į kitą raidos pakopą. Demokratija, industrinė revoliucija, vyrų ir moterų lygybė – visa tai irgi krizės raiška įvairiose gyvenimo sferose. Iš esmės visa, kas šiandien egzistuoja, yra atgyvenusios sistemos rezultatas.

Dabartinė krizė iš esmės nesiskiria nuo ankstesnių, bet sukelia daug didesnę įtampą ir apima visą pasaulį. Kaip ir bet kuri krizė, ji sudaro galimybę keistis – paakina augti. Jeigu mūsų pasirinkimas bus teisingas, sunkumai tiesiog išsisklaidys. Mes lengvai galėtume aprūpinti maistu, vandeniu ir būstu visą pasaulį. Mes pajėgūs pradėti gyventi taikiai ir padaryti Žemę klestinčia, gyvybinga planeta. Bet kad taip įvyktų, turime *panorėti* taip pasielgti, pasirinkti tai, ko iš mūsų *laukia* gamta, – vienybę vietoj esamo susiskaldymo. Taigi kodėl mes nenorime vienytis? Kodėl tolstame vieni nuo kitų? Kuo toliau žengiame, kuo daugiau žinių įgyjame, tuo labiau pasireiškia mūsų nepasitenkinimas gyvenimu. Mes išmokome konstruoti kosminius laivus ir molekulės dydžio robotus; mes iššifravome žmogaus genomą. Kodėl taip ir neišmokome laimingai gyventi?

Labiau įsigilinę į kabalą įsitikinsime, kad ji padeda suprasti pačią esmę. Prieš pateikdama tam tikrą atsakymą, ji papasakoja, kodėl patiriama viena ar kita būsena. O suvokus priežastį, vargu ar prireiks tolesnių nurodymų. Žvelgdami iš šios pozicijos panagrinėkime, ką išmokome iki dabar, ir tada galbūt paaiškės, kodėl iki šiol neatradome kelio į laimę.

Už uždarų durų

*...Menkai ar prastai išsilavinęs žmogus –
pats žiauriausias iš žemės padarų.*
Platonas. „Įstatymai", 6 knyga

Žinios visada buvo laikomos turtu. Šnipinėjimas nėra dabarties atradimas, jis egzistavo dar ankstyvaisiais laikais. Jį visada skatino informacijos, žinių vertingumas, tik iškildavo klausimas, *kam* tas žinias galima patikėti.

Praeityje žinių turėtojai buvo vadinami išminčiais, o jų išprusimas buvo siejamas su gamtos dėsniais. Išminčiai slėpė savo žinias bijodami, kad jos nepatektų žmonėms, kuriuos laikė nevertais.

Kaip nustatyti, kas nusipelno žinių? Tarkim, aš turiu kažkokios itin svarbios informacijos. Ar turiu teisę ją slėpti? Žinoma, nė vienas žmogus nesutiks, kad yra nevertas žinojimo, todėl mes pasirengę „pavogti" mums reikalingas žinias, kurios laikomos paslaptyje.

Tačiau taip buvo ne visada. Prieš daugelį metų, egoizmui dar nepasiekus aukščiausio lygio, žmonės vertino visuomenės naudą labiau nei savo. Jie jautėsi susiję su gamta ir su visa žmonija, o ne užsisklendę savyje. Toks požiūris į gyvenimą jiems buvo natūralus.

Šiandien supratimas stipriai pasikeitęs ir mes įsitikinę, jog turime teisę viską žinoti ir elgtis savo nuožiūra. Tokios nuostatos atitinka esamą egoizmo lygį.

Iš esmės dar iki žmonijai pasiekus ketvirtąjį norų išsivystymo lygį mokslininkai ėmė pardavinėti savo išmintį už materialines gerybes, tokias kaip pinigai, garbė ir valdžia. Kadangi materialaus pasaulio pagundos didėjo, žmonės vis labiau keitė įprastą gyvenimo būdą ir stengėsi ištirti gamtą. Tuomet gudruoliai pradėjo naudoti savo žinias materialiems malonumams gauti.

Šiandien dėl technikos pažangos ir spartaus egoizmo augimo piktnaudžiavimas žiniomis tapo norma. Tačiau kuo labiau plėtojamos technologijos, tuo didesnį pavojų žmonės kelia patys sau ir savo aplinkai. Juo galingesni tampame, tuo stipresnę jaučiame pagundą dėl trokštamų dalykų pasinaudoti savo valdžia.

Kaip jau sakėme, norą gauti sudaro keturi intensyvumo lygiai. Kuo jis stipresnis, tuo labiau smunka moralė ir visuomenė. Taigi nieko nuostabaus, jog pasaulį apėmė krizė. Taip pat tampa aišku, kodėl išminčiai slėpė savo žinias ir kodėl dabar jie, verčiami didėjančio egoizmo, skleidžia informaciją, kurią anksčiau kruopščiai saugojo.

Jeigu nepasikeisime, mums nepadės nei žinios, nei progresas. Tai tegali pridaryti dar didesnės žalos nei iki šiol. Todėl būtų pernelyg naivu tikėtis, jog mokslo sėkmė ištęsės pažadus sukurti žmonėms gerą gyvenimą. Šviesiam rytojui reikia tik vieno – pasikeisti.

Norų evoliucija

Tvirtinimas, kad žmogiškoji prigimtis egoistinė, vargu ar padarytų sensaciją. Kadangi iš pat pradžių visi be išimties esame egoistai, turime polinkį piktnaudžiauti žiniomis. Tai visiškai nereiškia, jog įvykdysime nusikaltimą. Šis polinkis gali pasireikšti ne itin reikšmingais dalykais, tarkim, nepelnytu iškilimu tarnyboje arba savanaudiškai kurstoma mylimųjų nesantaika.

Iš tikrųjų nauja gali būti ne tai, kad žmonės iš prigimties egoistiški, o tai, kad *aš esu egoistas*. Pirmąkart suvokęs savąjį egoizmą, žmogus ima blaiviau žiūrėti į save, nors šis išgyvenimas ir skausmingas.

Mūsų noro gauti raidos priežastis puikiai paaiškinama ir mes netrukus tai aptarsime. Bet dabar sutelkime dėmesį į šios raidos vaidmenį įgyjant žinias.

Atsiradęs naujas noras sukuria naujus poreikius. Ieškodami, kaip juos patenkinti, ugdome savo protą. Kitaip tariant, evoliucija yra noro, kuris siekia malonumo, raidos rezultatas.

Pirmasis noro raidos lygis susijęs su fiziniais poreikiais, tokiais kaip maistas, seksas, šeima ir pastogė. Tai primityviausi, būdingi visoms gyvoms būtybėms norai.
Skirtingai nuo pirmojo, visi kiti lygiai susiję tik su žmogumi ir atsiranda dėl to, kad žmogus gyvena visuomenėje. Antrasis lygis susijęs su turtų siekiu, trečiasis – su šlovės, garbės ir valdžios, o ketvirtasis – su žinių troškimu.

Norų evoliucijos požiūriu pažvelgus į žmonijos istoriją, tampa aišku, jog kiekviena idėja, kiekvienas atradimas bei išradimas buvo nulemti šių augančių poreikių.

Laimė ir nelaimė, malonumas ir kančia priklauso nuo mūsų poreikių patenkinimo laipsnio. Kad pasiektume pasitenkinimą, turime įdėti pastangų. Iš esmės norai taip mums vadovauja, kad, anot kabalisto Jehudžio Ašlago, „niekas nepajudins nė piršto neturėdamas motyvacijos ... nenumatydamas sau naudos." Maža to, „jeigu, pavyzdžiui, žmogus deda ranką nuo kėdės ant stalo, jis tikisi, jog šis perkėlimas suteiks daugiau malonumo. Jeigu jam taip neatrodytų, ranka liktų ant kėdės iki gyvenimo pabaigos."

Ankstesniame skyriuje egoizmą pavadinome „spąstais". Kitaip tariant, malonumo jėga priklauso nuo noro jėgos. Noras sotindamasis proporcingai mažėja. O išnykus norui, dingsta ir malonumas. Pasirodo, tam, kad galėtume mėgautis, turime ne tik kažko užsinorėti, bet ir išsaugoti savo norą, antraip malonumas pamažu išblės.

Negana to, malonumas glūdi ne objekte, kurio norima, o žmoguje, kuris šio malonumo trokšta. Pavyzdžiui, jeigu aš dievinu tuną, tai nereiškia, kad tune yra kažkoks malonumas, tiesiog malonumas tuno „forma" yra *manyje*.

Paklauskite bet kurio tuno, ar šis mėgaujasi savo kūnu. Abejoju, ar atsakytų teigiamai. Galėčiau netaktiškai pasiteirauti: „Kodėl gi tu nejauti malonumo? Juk man taip skanu, kai atkandu kąsnelį tavęs... O aplinkui tave tonos tunų! Tavo vietoj skrajočiau padebesiais iš laimės."

Be abejo, visi žinome, kad iš tiesų toks pokalbis neįmanomas, ir ne tik todėl, kad tunai nešneka žmonių kalba. Mes instinktyviai jaučiame, jog žuvis negali mėgautis savuoju kūnu, o žmonėms jos skonis gali teikti didelį malonumą.

Kodėl mes patiriame malonumą skanaudami tuną? Todėl, kad turime norą. Pačios žuvys negali mėgautis savo kūnu, nes jos neturi tokio noro. Konkretus noras gauti iš tam tikro objekto malonumą vadinamas „kli" – „indas" arba „įrankis", o malonumas, patekęs į „indą", vadinamas „Or" – „Šviesa". „Kli" ir „Or" koncepcija – pati svarbiausia kabalos išminties samprata. Kai sugebėsite sukurti „kli" (indą) Kūrėjui, tada ir gausite Jo Šviesą.

Norų valdymas

Dabar, kai žinome, kad norai sukelia progresą, panagrinėkime, kaip juos valdėme per visą žmonijos istoriją. Dažniausiai su norais elgėmės dviem būdais:

- Vertėme juos įpročiais, „prijaukindami" arba pritaikydami prie kasdienio gyvenimo.
- Ribojome arba slopinome juos.

Dauguma religijų naudojo pirmąjį būdą žadėdamos atlygį už kiekvieną gerą poelgį. Ragindami gerai elgtis, mokytojai mūsų „gerus darbus" sutvirtindavo teigiama reakcija. Paaugę mes nebegauname „apdovanojimų", bet sąmonė užfiksuoja, jog už „gerus darbus" bus atlyginama.

Mums prie ko nors pripratus, įprotis tampa antrąja prigimtimi. O kai elgiamės natūraliai, jaučiame pasitenkinimą.

Antruoju norų valdymo būdu (juos ribojant) dažniausiai naudojasi Rytų mokymai. Šis požiūris vadovaujasi paprasta taisykle: geriau nieko nenorėti, negu norėti ir negauti.

Daugelį metų atrodė, jog galima išsiversti tik su šiomis dviem metodikomis. Nors mes niekada negaudavome, ko norėjome (pagal taisyklę: gavęs trokštamo liaujiesi trokšti), malonumų vaikymasis pats savaime teikė pasitenkinimą. Iškilus naujam norui, mes tikėjome, kad šį kartą būtinai jį patenkinsime. Viltis nepalikdavo mūsų tol, kol neišsekdavo svajonės, o ten, kur yra viltis, yra ir gyvenimas, netgi jei svajonės ir neišsipildo.

Tačiau norai augo. Vis mažiau pasitenkinimo teikė neįgyvendinamos svajonės – tušti, neturintys laukiamo užpildymo „kli". Tuomet abu įprasti būdai – norų „prijaukinimas" ir mažinimas – patyrė rimtą išbandymą. Kai negalime sumažinti norų, nieko kito nebelieka, tik surasti būdą, kaip juos patenkinti. Šioje situacijoje mes arba atsisakome ankstesnio veikimo būdo, arba kaip nors jį deriname su nauja paieškos kryptimi.

Naujo noro atsiradimas

Mes minėjome keturias noro gauti stadijas:
- fiziologinis maisto, giminės pratęsimo ir šeimos poreikis;
- turtų noras;
- valdžios ir garbės siekis (kartais dalijama į dvi grupes);
- žinių troškimas.

Šie keturi lygiai dalijasi į dvi grupes: gyvūniniai norai, kuriuos turi visos gyvos būtybės (pirmasis lygis), ir žmogiškieji norai, kurie būdingi tik žmonėms (antrasis, trečiasis ir ketvirtasis lygiai). Pastaroji norų grupė ir atvedė mus ten, kur dabar esame.

Tačiau šiandien evoliucionuojant norui gauti, žmoguje bunda naujas – penktasis noras. Kaip minėjome ankstesniame skyriuje, knyga „Zohar" skelbia, jog jis atsiras XX amžiaus pabaigoje.

Šis naujas noras nėra tiesiog dar vienas noras, jis – visų ankstesnių noro lygių kulminacija. Šis noras ne tik pats stipriausias, bet pasižymi ir išskirtiniais bruožais, kurie atskiria jį nuo visų kitų norų.

Pirmųjų keturių lygių norus kabalistai sąlyginai vadina „širdimi". Tačiau penktasis poreikių lygis iš esmės kitoks. Jis siekia ne materialaus, o vien tik dvasinio malonumo. Šis noras reiškia dvasinio augimo pradžią, kurią likimas skiria kiekvienam žmogui. Todėl kabalistai šį norą pavadino „tašku širdyje".

Naujo noro realizacijos metodas

Atsiradus „taškui širdyje", žmogus palaipsniui keičia žemiškųjų malonumų (sekso, pinigų, valdžios ir žinių) vaikymąsi į dvasinių malonumų paieškas. Kadangi ši malonumų rūšis nauja, reikalingas ir naujas būdas jiems patirti.

Kad suprastume šį naują metodą, pasvarstykime, kuo kabala, kurios tikslas – tenkinti dvasingumo siekį, skiriasi nuo metodikų, naudojamų kitiems norams tenkinti. Mūsų įprasti norai lengvai išaiškinami. Jausdamas alkį ieškau maisto, norėdamas garbės – darau tai, kas man atrodo būtina, kad žmonės žiūrėtų į mane su pagarba.

Tačiau kaip, tiksliai nežinant, kas yra dvasingumas, sužinoti, ką derėtų daryti, kad jį įgyčiau? Juk iš pradžių mes nesuvokiame, jog iš tikrųjų norime surasti Kūrėją; nesuprantame ir to, kad Jo paieškoms būtinas naujas metodas. Šis noras toks neįprastas, kad mes jo nesuprantame. Todėl jo atskleidimo bei patenkinimo metodas ir pavadintas „slaptuoju mokslu". Kol norėjome tik maisto, visuomeninės padėties, žinių (didžiausias noras), nejutome slaptosios išminties poreikio. Nebuvo kur jos pritaikyti, tad ji ir likdavo paslėpta. Tačiau slaptumas nereiškia nereikalingumo. Priešingai, penkis tūkstantmečius kabalistai tobulino ir šlifavo savo mokslą laukdami laikų, kuomet žmonėms jo prireiks. Jie rašė vis aiškesnes knygas, idant padarytų kabalą paprastesnę ir suprantamesnę. Jie žinojo, kad ateityje kabala bus reikalinga visam pasauliui, ir nuspėjo, jog tai atsitiks pradėjus reikštis penktajam norų lygiui. Dabar mes jau pasiekėme šį lygį ir todėl jaučiame kabalos poreikį. Šio mokslo terminais kalbant, kad patirtume malonumą, būtina turėti jį atitinkantį „kli" – tiksliai apibrėžtą norą konkrečiam malonumui gauti. Atsiradęs „kli" skatina mūsų smegenis ieškoti būdo užpildyti jį Šviesa („Or"). Dabar, kai daugeliui mūsų „prabilo" „taškas širdyje", kabalos išmintis tampa priemone realizuoti dvasingumo siekį.

Egoistinio noro ištaisymas

Jau sakėme, kad egoistinį norą galima pavadinti „spąstais": gavęs, ko norėjau, tą pačią akimirką liaujuosi to norėjęs, o neturėdamas noro, negaliu šituo dalyku ir mėgautis. Dvasingumo siekis iš pat pradžių turi unikalų mechanizmą, kuris leidžia išvengti spąstų. Šis mechanizmas vadinamas „tikun" – ištaisymu. Penktojo lygio noras, iki kol bus teisingai panaudotas ir teiks malonumą, turi būti „pažymėtas" ištaisymo.

„Tikun" principo supratimas padės atsikratyti daugybės suklydimų, susijusių su kabala. Troškimas gauti buvo ta varomoji jėga, kuri slypėjo už bet kurių progresyvių poslinkių ir permainų žmonijos istorijoje. Tačiau troškimas gauti visada numanė malonumą asmeniniams norams tenkinti. Noras gauti malonumą nėra joks blogis. Bet *ketinimas* mėgautis, kad pats pasitenkintum, supriešina mus su gamta, Kūrėju. Taigi trokšdami gauti *sau* tolstame nuo Kūrėjo. Toks ir yra mūsų trūkumas – visų nelaimių priežastis.

„Tikun" įvyksta ne tuomet, kai liaujamės gauti, o tuomet, kai keičiame motyvą, savo *ketinimą*. Gavimas sau ir vadinamas egoizmu. O kai gauname todėl, kad susivienytume su Kūrėju, vadinama altruizmu – susiliejimu su gamta.

Pavyzdžiui, ar jums teiktų malonumą tas pats maistas, valgomas kasdien daug mėnesių iš eilės? Greičiausiai ne. Tačiau būtent šito mes reikalaujame iš vaikų, nepalikdami jiems galimybės pasirinkti. Jie sutinka vien todėl, kad nieko kito nežino. Nedvejodami galime pasakyti, kad mažyliui teikia pasitenkinimą tik pripildytas skrandis. Dabar įsivaizduokite jo motiną: kaip švyti jos veidas, kai ji maitina savo kūdikį. Mama laiminga vien todėl, kad stebi, su kokiu malonumu mažylis valgo. Jis (visų daugiausia) gali patirti pasitenkinimą, o mama tiesiog džiūgauja. Kas gi vyksta? Kūdikio noras gauti maistą teikia malonumą tiek mamai, tiek mažyliui. Bet kūdikis susitelkęs į savo paties skrandį, o motina mėgaujasi daug daugiau, nes laiminga dėl to, kad gali kažką duoti savo vaikui. Ji susitelkusi į jį, o ne į save.

Tą patį galima pasakyti apie gamtą. Jei žinotume jos norą ir jį įvykdytume, pajaustume davimo malonumą. Negana to, pajaustume ne instinktyviai (kaip kad motina savo kūdikio atžvilgiu), o dvasiniame mūsų susietumo su gamta lygmenyje.

Hebrajų kalba – originalia kabalos kalba – ketinimas vadinamas „kavana". Taigi, kad įvyktų „tikun", turime parūpinti savo norams teisingą „kavaną". Atlygiu už „tikun" ir „kavanos" turėjimą taps paskutiniojo, paties didžiausio noro – dvasingumo, Kūrėjo siekio – išsipildymas. Kai šis troškimas išsipildys, žmogus suvoks sistemą, valdančią tikrovę, dalyvaus jos kūrime ir galiausiai gaus raktus bei užims vairuotojo vietą. Toks asmuo daugiau nebepatirs, taip kaip mes, gyvenimo ir mirties, o susijungęs su Kūrėju lengvai ir džiaugsmingai skraidys amžinybėje, begalinėje palaimos ir vienybės tėkmėje.

Išvados

Egzistuoja penki norų lygiai, kurie dalijami į tris grupes. Pirmajai grupei priklauso gyvūniniai norai (maistas, giminės pratęsimas bei šeima), antrajai – žmogiškieji norai (pinigai, garbė, žinios), trečiajai – dvasinis noras („taškas širdyje").

Kol buvo aktyvios dvi pirmosios grupės, mes tenkinomės vienokiu ar kitokiu savųjų norų „prijaukinimu" arba juos slopinome. Atsiradus „taškui širdyje", du pirmi keliai tampa neefektyvūs ir iškyla būtinybė ieškoti naujų. Būtent tuomet kabala, kuri per tūkstantmečius buvo slapta ir laukė laikų, kada jos reikės, vėl iškyla į viešumą.

Kabalos išmintis yra mūsų ištaisymo („tikun") priemonė. Pasinaudoję ja galime savo ketinimą („kavana") iš noro nuolaidžiauti savosioms užgaidoms (arba egoizmo) pakeisti į norą džiuginti visa, kas egzistuoja, – gamtą, Kūrėją (pastarasis noras apibūdinamas kaip altruizmas).

Dabartinė globali krizė iš tikrųjų yra norų krizė. Jeigu mes panaudosime kabalos išmintį paskutiniajam, pačiam didingiausiam norui – dvasingumo siekiui – tenkinti, visos problemos automatiškai išsispręs, nes jų šaknis – daugelio žmonių jaučiamas dvasinis nepasitenkinimas.

3 skyrius

Kūrinijos ištakos

Dabar, kai išsiaiškinome, kad šiandien pribrendo realus kabalos studijų poreikis, pats laikas sužinoti kai kurias svarbiausias šios išminties tiesas. Nors knygos apimtis neleidžia smulkiai išnagrinėti Aukštesniųjų pasaulių, skaitydami šį skyrių jūs įgysite gana tvirtų pagrindinių žinių, kad panorėję tęstumėte kabalos studijas nuodugniau.

Reikėtų pasakyti kelis žodžius apie brėžinius: kabalos knygose yra (ir visada buvo) daug brėžinių. Šios schemos padeda aprašyti dvasines būsenas arba struktūras. Kabalistai dar senaisiais laikais naudojo brėžinius aiškindami, ką patiria dvasinio suvokimo kelyje. Tačiau labai svarbu atsiminti, jog brėžiniai *nėra* materialiųjų objektų atvaizdai. Tai tik schemos, naudojamos dvasinėms būsenoms, susijusioms su itin intymiais žmogaus ir Kūrėjo, gamtos, santykiais, paaiškinti.

Dvasiniai pasauliai

Kūrinys – tai per keturias stadijas išsivystęs noras gauti malonumą. Būtent paskutinioji stadija ir vadinama „kūriniu" (1 pieš.). Ši šabloninė noro evoliucijos struktūra yra viso, kas egzistuoja, pagrindas.

1-ame piešinyje pavaizduotas kūrimo aktas. Jei piešinį nagrinėsime kaip procesą, tai padės atsiminti, jog brėžiniai vaizduoja emocines, dvasines būsenas, o ne tam tikras vietas ar objektus.

Prieš pradedant ką nors kurti reikia viską apmąstyti ir suplanuoti. Šiuo atveju kalbame apie kūriniją ir jos atsiradimo skatinamąją priežastį. Ją vadiname „Kūrimo Sumanymu".

Pirmajame skyriuje minėjome, kad senaisiais laikais gamtos baimė vertė žmones ieškoti plano, sumanyto jiems bei visai žmonijai. Stebėdami jie atrado, jog gamta mums numatė patirti malonumą. Tačiau kalbama ne apie tuos malonumus, kuriuos galime pajausti pasaulyje. Gamta (kas tapatu Kūrėjo sąvokai) nori, kad mes patirtume nepaprastą malonumo rūšį – panašumo į ją, t. y. į Kūrėją, malonumą.

Todėl pažvelgę į 1-ą piešinį, pamatysite, kad Kūrimo Sumanymo esmė yra noras visiems kūriniams suteikti malonumą (vadinamą „Šviesa"). Ir tai yra kūrinijos šaltinis, mūsų visų bendra pradžia.

Kabalistai norui gauti malonumą (Šviesą) apibūdinti naudoja terminą „kli" (indas, talpykla). Taigi galime suprasti, kodėl jie pavadino savo mokslą „kabala" (gavimu).

Taip pat jie turėjo svarią priežastį malonumą vadinti Šviesa. Pajautęs Kūrėją, „kli" (kūrinys, asmuo) suvokia didžią jį nušviečiančią išmintį, tarsi matytų Šviesą. Kai taip nutinka, paaiškėja, jog išryškėjusi išmintis visada čia slypėjo. Taip dienos šviesa keičia nakties tamsą ir nematoma virsta matoma. Kadangi Šviesa perteikia žinias, kabalistai ją vadina išminties Šviesa, o jos gavimo metodą – „kabalos išmintimi".

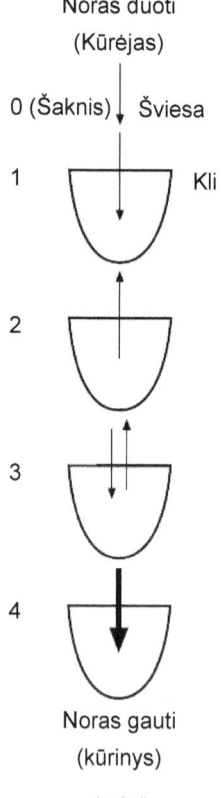

1 pieš.
Penkios noro gauti raidos stadijos. Žemyn nukreiptos rodyklės žymi įeinančią Kūrėjo Šviesą; į viršų nukreiptos rodyklės žymi kūrinio norą suteikti malonumą Kūrėjui.

Keturios pagrindinės stadijos

Grįžkime prie mūsų istorijos. Kad praktiškai realizuotų savo idėją teikti malonumą, Kūrėjas sumanė kūrinį, kuris nori gauti aiškų malonumą – būti panašus į Jį. Jeigu turite vaikų, suprantate tėviškus jausmus. Ar tėvui gali būti kas nors maloniau nei išgirsti: "Jūsų sūnus kaip iš akies luptas tėtis"?

Kaip ką tik sakėme, Kūrimo Sumanymas (teikti kūriniui malonumą) yra gyvenimo šaltinis. Dėl šios priežasties Kūrimo Sumanymas ir vadinamas "pradine stadija" arba "nuline stadija", o noras gauti malonumą – "pirmąja stadija".

> Įsidėmėkite, kad nulinę stadiją rodo žemyn nukreipta rodyklė. Kad ir kur pamatytumėte žemyn nukreiptą rodyklę, ji žymi iš Kūrėjo kūriniui išeinančią Šviesą. Tačiau niekada nebūna atvirkščiai: rodyklė, nukreipta į viršų, nerodo, jog kūrinys atiduoda Kūrėjui Šviesą, o reiškia, kad *nori* grąžinti ją Kūrėjui. Kas gi atsitinka, kai rodyklės nurodo priešingas kryptis? Skaitykite toliau ir greit sužinosite.

Kabalistai Kūrėją taip pat vadina "noru duoti", o kūrinį – "noru gauti malonumą" arba tiesiog "noru gauti". Pokalbį apie tai, kaip suvokiame Kūrėją, pratęsime vėliau, o dabar labai svarbu suprasti, ką apie *savo* suvokimą mums visada praneša kabalistai. Jie netvirtina, kad Kūrėjas turi norą duoti, bet sako, kad, jų supratimu, Jis turi norą duoti, ir todėl jie vadina Kūrėją "noru duoti".

Kadangi kartu savyje jie atrado norą gauti malonumus, kuriuos siunčia Kūrėjas, tai save pavadino „noru gauti". Taigi malonumų troškimas ir yra kūrinio esmė. Kai kūrinys – noras gauti – pajaučia, kad malonumas sklinda iš davėjo, jis suvokia, jog tikrasis malonumas yra duoti, o ne gauti. Todėl noras gauti pradeda virsti noru duoti (pažvelkite į nukreiptą į viršų rodyklę, kuri eina iš antrojo „kli" – piešinyje pavaizduoto dubenėlio). Tai visiškai nauja – antroji stadija.

Panagrinėkime, kuo skiriasi ši stadija. Jeigu pažvelgsime į patį „kli", pamatysime, kad jis nekinta iš stadijos į stadiją. Tai reiškia, jog noras gauti yra toks pat aktyvus, kaip ir anksčiau. Juk šis noras sukurtas Kūrimo Sumanymo, todėl jis amžinas ir pastovus.

Tačiau antrąją stadiją atitinka noras patirti malonumą atiduodant, o ne gaunant, ir tai yra principinis pasikeitimas. Skirtumas tas, kad antroji stadija numano esant kitą būtybę, kuriai galima atiduoti. Kitaip tariant, omenyje turimi teigiami santykiai su kažkuo kitu.

Antroji stadija, verčianti mus atiduoti, nors pradinis noras yra gauti, gyvenimą daro įmanomą. Be jos tėvai nesirūpintų vaikais, o visuomeninis gyvenimas būtų neįsivaizduojamas. Pavyzdžiui, jeigu esu restorano savininkas, noriu užsidirbti pinigų, bet dėl to maitinu nepažįstamus žmones, kurie iš esmės manęs nedomina. Tas pats ir su bankininkais, taksistais bei su bet kuriais kitais verslininkais.

Taigi galime suprasti, kodėl gamtos dėsnis yra altruizmas ir davimas, o ne gavimas, nors bet koks kūrinio poelgis grindžiamas noru gauti, kas būdinga pirmajai stadijai. Nuo tos akimirkos, kai kūrinys patirs abu norus (gavimo ir davimo), visa, kas jam nutiks, priklausys nuo šių dviejų stadijų „tarpusavio santykių".

Kaip ką tik parodėme, antrosios stadijos noras atiduoti verčia bendrauti, ieškoti ko nors, kas turėtų poreikį gauti. Todėl antroji stadija pradeda tyrinėti, ką galima atiduoti Kūrėjui. Juk galų gale kam dar galima atiduoti? Tačiau antrojoje stadijoje kūrinys, pamėginęs iš tikrųjų atiduoti, atranda, kad vienintelis Kūrėjo noras yra duoti. Jis visiškai nenori gauti. Be to, ką gi kūrinys gali duoti Kūrėjui?

Maža to, antrojoje stadijoje kūrinys atskleidžia, kad iš esmės tikrasis pirmosios stadijos noras yra gauti. Jis ima suprasti savo egzistavimo pagrindą: tai noras mėgautis ir džiaugtis, kuriame nėra nė trupučio tikrojo siekio atiduoti. Tačiau ir čia yra sprendimas: kadangi Kūrėjas nori vien duoti, kūrinys *gali* Jam padovanoti tik savo norą gauti.

Galbūt tokia situacija jus trikdo, bet prisiminkite pasitenkinimą, kurį patiria mama, maitinanti mažylį, ir suprasite, jog jis teikia jai malonumą vien tik tuo, kad nori valgyti.

Taigi trečioji noro gauti stadija sąmoningai *renkasi* gavimą, idant grąžintų Kūrėjui tai, ką gavo pradinėje stadijoje. Dabar turime užbaigtą ratą ir abu žaidimo dalyviai tampa davėjais: nulinė stadija – Kūrėjas – duoda savo kūriniui, kuris yra pirmoji stadija, o kūrinys, perėjęs pirmąją, antrąją ir trečiąją stadijas, priimdamas grąžina Kūrėjui tai, ką gavo.

1-ame piešinyje trečiosios stadijos žemyn nukreipta rodyklė rodo, jog veiksmas, kaip ir pirmojoje stadijoje, yra gavimas, o rodyklė, nukreipta į viršų, rodo, jog ketinama atiduoti kaip antrojoje stadijoje. Pabrėžiame dar kartą, kad tiek pirmojoje, tiek antrojoje stadijoje noras gauti lieka nepakitęs.

Kaip matėme jau anksčiau, visų problemų, su kuriomis susiduriame pasaulyje, priežastis yra egoistiniai ketinimai. Čia, kūrinijos ištakose, ketinimas irgi daug svarbesnis už veiksmą. Metaforiškai Jehudis Ašlagas netgi teigia, kad trečioji stadija dešimčia procentų gavėja ir devyniasdešimt procentų davėja.

Atrodo, dabar turime tobulą ciklą, kuriame Kūrėjui pavyko padaryti sau tapatų kūrinį – davėją. Maža to, atiduodamas kūrinys mėgaujasi, kartu suteikdamas malonumą Kūrėjui. Bet ar Kūrimo Sumanymas šituo užsibaigia? Ne visai. Gavimo aktas (pirmoji stadija) ir supratimas, jog vienintelis Kūrėjo noras – davimas (antroji stadija), paskatina kūrinį siekti Jo būsenos (trečioji stadija). Bet jeigu kūrinys ir tampa davėju, tai nereiškia, kad jis pasiekė Kūrėjo būseną ir užbaigė Kūrimo Sumanymą – tuomet viskas ir pasibaigtų trečiąja stadija.

Kūriniui pasiekti Kūrėjo statusą reiškia ne tik tapti davėju, bet ir turėti tą patį *sumanymą*, kaip ir Davėjas, – Kūrimo Sumanymą. Pasiekęs tokią būseną, kūrinys supras, kodėl buvo įgyvendintas ciklas Kūrėjas-kūrinys, taip pat kodėl Kūrėjas sukūrė kūriniją.

Aišku, noras suprasti Kūrimo Sumanymą yra visiškai nauja egzistavimo stadija. Vienintelis galimas palyginimas: vaikas siekia tapti toks pat stiprus ir išmintingas kaip jo tėvai. Instinktyviai nuvokiame, jog tai įmanoma tik tuomet, kai jis arba ji patys taps tėvais. Būtent todėl taip dažnai tėvai savosioms atžaloms sako: „Palauk, kol turėsi savo vaikų, – tada viską suprasi."

Kabaloje Kūrimo Sumanymo supratimas – giliausias pažinimo lygmuo – vadinamas suvokimu. Būtent šito ir siekia noras gauti paskutinėje – ketvirtojoje – stadijoje.

Vienas iš dažniausiai vartojamų kabalistinių terminų – „sfirot" (*sfiros*). Šis iš hebrajų kalbos atėjęs žodis susijęs su žodžiu „sapir" (safyras) – švytintis. Kiekviena *sfira* (žodžio „sfirot" vienaskaita) turi savitą Šviesą. Be to, kiekviena iš penkių stadijų pavadinta vienos arba kelių *sfirot* vardais. Nulinė stadija vadinama *Keter*, pirmoji – *Chochma*, antroji – *Bina*, trečioji – *Zeir Anpin* ir ketvirtoji – *Malchut*. Iš tikrųjų yra dešimt *sfirų*, nes *Zeir Anpin* susideda iš šešių *sfirų*: *Chesed, Gvura, Tiferet, Necach, Hod* ir *Jesod*. Taigi visas sfirų sąrašas: *Keter, Chochma, Bina,* Chesed, Gvura, Tiferet, Necach, Hod, Jesod ir *Malchut*.

Siekis suvokti Kūrimo Sumanymą – pati galingiausia jėga, būdinga kūriniui. Ji skatina visą evoliucijos procesą. Įsisąmoniname ar ne, bet galutinis žinojimas, kurio siekia visa žmonija, – supratimas, kodėl Kūrėjas daro tai, ką daro. Tas pats akstinas prieš tūkstančius metų skatino kabalistus atskleisti kūrinijos paslaptis. Kol šito nesuprasime – nenusiraminsime.

Kūrimo Sumanymo paieškos

Nors Kūrėjas nori, kad mes patirtume malonumą tapę panašūs į Jį, iš pradžių šio troškimo Jis mums nesuteikia. Visa, ką Jis davė mums – kūriniui, bendrajai sielai *Adam Rišon*, – didžiausias troškimas mėgautis. Tačiau, kaip matome iš nuoseklios stadijų kaitos, kūrinio noras supanašėti su Kūrėju vis dėlto palaipsniui vystėsi.

Trečiojoje stadijoje kūrinys jau viską gavo ir ketino ką nors atiduoti Kūrėjui. Tuo ciklas galėtų užsibaigti, nes kūrinys jau pradeda daryti tą patį, ką ir Kūrėjas, – atiduoti. Šiuo atžvilgiu jie jau supanašėjo.

Tačiau kūrinio paskirtis nėra atiduoti. Jis norėjo suprasti, kas daro davimą džiaugsmingą, kas teikia energiją, būtiną tikrovei sukurti, ir kokią išmintį įgyja davėjas atiduodamas. Trumpai tariant, kūrinys norėjo suprasti Kūrimo Sumanymą. Šis noras ir buvo naujas, Kūrėjas iš pat pradžių kūriniui jo „neįdiegė".

Šiame Sumanymo paieškos etape kūrinys atsiskiria, atsiriboja nuo Kūrėjo. Galima įsivaizduoti taip: jeigu noriu būti į kažką panašus, tai besąlygiškai reiškia, kad suvokiu, jog jis egzistuoja be manęs, turi tai, ko aš noriu, ir yra toks, koks aš norėčiau tapti.

Kitaip tariant, aš ne tik įsisąmoninu, jog egzistuoja Kažkas be manęs, bet ir suvokiu skirtumą tarp Jo ir savęs. Netgi ne šiaip sau skirtumą, o Jo pranašumą prieš mane. Antraip kodėl norėčiau būti panašus į Jį?

Taigi *Malchut*, ketvirtoji stadija, smarkiai skiriasi nuo pirmųjų trijų, nes siekia itin ypatingos rūšies malonumų (todėl piešinyje pavaizduota storesnė rodyklė) – tapti tokia kaip Kūrėjas. Kūrėjo požiūriu, *Malchut* troškimas užbaigia Kūrimo Sumanymą – ciklą, kurį Jis sumanė iš pat pradžių (2 pieš.).

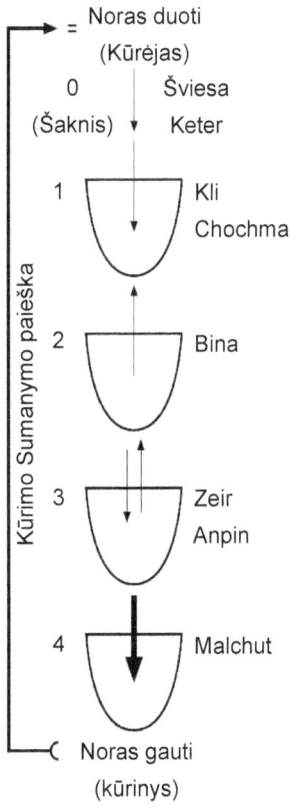

2 pieš.
Rodyklė nuo *Malchut* iki Kūrėjo žymi *Malchut* norą supanašėti su Kūrėju.

Deja, mes nieko nenagrinėjame Kūrėjo požiūriu. Kai žvelgiame iš čia, iš apačios, ir dar pro sudužusius dvasinius akinius, mūsų matomas vaizdas toli gražu ne idealus.

Juk *kli* (asmuo), visiškai priešingas Šviesai, gali supanašėti su šia Šviesa tik tuo atveju, jeigu troškimu gauti naudosis *ketindamas* atiduoti. Taip elgdamasis *kli* sutelkia dėmesį ne į savąjį mėgavimąsi, o į džiaugsmą, kurį davimas teikia Kūrėjui. Tada *kli* irgi tampa davėju.

Iš esmės gavimas ketinant atiduoti Kūrėjui jau išryškėjo trečiojoje stadijoje. Taigi dėl Kūrėjo veiksmų kūrinio darbas supanašėti su Juo šioje stadijoje jau baigtas. Kūrėjas duoda, kad duotų, o kūrinys trečiojoje stadijoje gauna, kad duotų, – vadinasi, šiuo atžvilgiu jie panašūs.

Tačiau didžiausias malonumas ne žinoti, ką daro Kūrėjas, ir mėgdžioti Jo veiksmus, o suprasti, *kodėl* jis tai daro, ir įgyti tokias pačias *minti*s, kokias turi Jis. Šis aukščiausias Būties aspektas – ketinimas duoti Kūrėjui – iš pat pradžių nebuvo įdiegtas kūriniui, būtent tai kūrinys (ketvirtoji stadija) turi pasiekti savarankiškai.

Viena vertus, atrodo, jog mes su Kūrėju esame skirtingose pozicijose, kadangi Jis – davėjas, o mes – gavėjai. Tačiau iš esmės pats didžiausias malonumas Kūrėjui – kad mes supanašėjame su Juo, o mums visų maloniausia – tapti panašiems į Kūrėją. Lygiai taip pat kiekvienas vaikas nori būti panašus į tėvus, o kiekvienas tėvas, suprantama, svajoja, kad jo vaikai pasiektų tą patį, ką pasiekė jis, ir netgi jį pralenktų.

Pasirodo, mes su Kūrėju iš esmės siekiame to paties tikslo. Jei įsisąmonintume šią idėją, mūsų gyvenimas galėtų kardinaliai pasikeisti. Užuot pasinėrę į sąmyšį ir kentėję neturėdami krypties (o šiandien tai patiria daugelis mūsų), mes ir Kūrėjas drauge galėtume judėti Kūrimo tikslo, skirto mums pradžių pradžioje, link.

Kabalistai, apibūdindami norą duoti, vartoja daug terminų: Kūrėjas, Šviesa, Davėjas, Kūrimo Sumanymas, Nulinė Stadija, Pradinė Stadija, *Keter, Bina* ir kt. Ir norą gauti jie apibūdina įvairiai. Kūrinys, *kli*, ėmėjai, pirmoji stadija, *Chochma* ir *Malchut* – tik kai kurie iš jų apibūdinimų. Šie terminai nusako tam tikrus dviejų savybių – davimo ir gavimo – aspektus. Jeigu tai atsiminsime, mūsų netrikdys terminų gausa.

Kad taptų panašus į Kūrėją, Davėją, *kli* įvykdo du veiksmus. Pirmiausia jis liaujasi gavęs – kitaip tariant, daro veiksmą, vadinamą „cimcum" (apribojimu). Taip *kli* visiškai blokuoja Šviesą neleisdamas jai įsiskverbti į vidų. Panaudoję gyvenimišką pavyzdį, galime sakyti, kad lengviau apskritai atsisakyti skanaus, bet nesveiko maisto, nei truputį paragauti ir didesnę dalį palikti lėkštėje. Taigi *cimcum* – pirmasis ir paprasčiausias žingsnis tampant panašiam į Kūrėją.

Antrasis veiksmas, kurį atlieka *Malchut*, – mechanizmo, tiriančio Šviesą (malonumą) ir nustatančio, ar verta ją gauti ir, jei taip, tai kiek, sukūrimas. Šis mechanizmas vadinamas „*masach*" (ekranu). Veiksnys, nurodantis *masach*, kiek Šviesos priimti, vadinamas „atidavimo tikslu" (3 pieš.). Paprasčiau tariant, *kli* įtraukia į save tik tai, ką geba priimti ketindamas suteikti malonumą Kūrėjui. Šviesa, kurią priėmė *kli*, vadinama „vidine Šviesa", o Šviesa, kuri liko išorėje, – „supančia Šviesa".

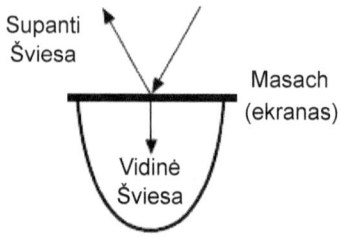

3 pieš. *Masach* – tai linija, skirianti Šviesą, kurią kūrinys gali gauti ketindamas suteikti malonumą Kūrėjui (vidinę Šviesą), ir Šviesą, kurios jis negali gauti su šiuo ketinimu.

Taisymosi proceso pabaigoje *kli* priims visą Kūrėjo Šviesą ir susilies su Juo. Toks ir yra Kūrimo tikslas. Pasiekę šią būseną, mes patirsime ją tiek visi drauge (tarsi vienas organizmas), tiek kiekvienas atskirai, nes, tiesą sakant, tobulą galutinį *kli* sudaro ne vieno žmogaus, o visos žmonijos troškimai. Kai užbaigsime paskutinį ištaisymą, prilygsime Kūrėjui ir ketvirtoji stadija bus realizuota, o Kūrimas bus tobulas ir mūsų, ir Jo požiūriu.

Maršrutas

Kad įvykdytų užduotį prilygti Kūrėjui, pirmiausia kūrinys turi įsigyti teisingą aplinką, kuri leis vystytis ir tapti panašiam į Kūrėją. Ši aplinka vadinama „pasauliais". Ketvirtojoje stadijoje kūrinys pasidalijo į dvi dalis: viršutinę ir apatinę. Viršutinė dalis formuoja pasaulius, o apatinė – kūrinį, visiškai priklausantį šiems pasauliams. Apskritai kalbant, pasaulius sudaro norai, į kuriuos *masach* praleidžia Šviesą, o kūrinį – norai, į kuriuos *masach* neleidžia Šviesai pasiskverbti.

Anksčiau šiame skyriuje sakėme, kad keturių fazių modelis – viso, kas egzistuoja, pagrindas. Taigi pasauliai evoliucionuoja pagal tą patį principą, kuris veikė formuojantis šioms keturioms stadijoms. 4-to piešinio kairėje pusėje išvardytos ketvirtosios stadijos sudedamosios dalys, pasidalijusios į viršutinę ir apatinę, iš kurių pirmajai priklauso pasauliai, o antrajai – kūrinys.

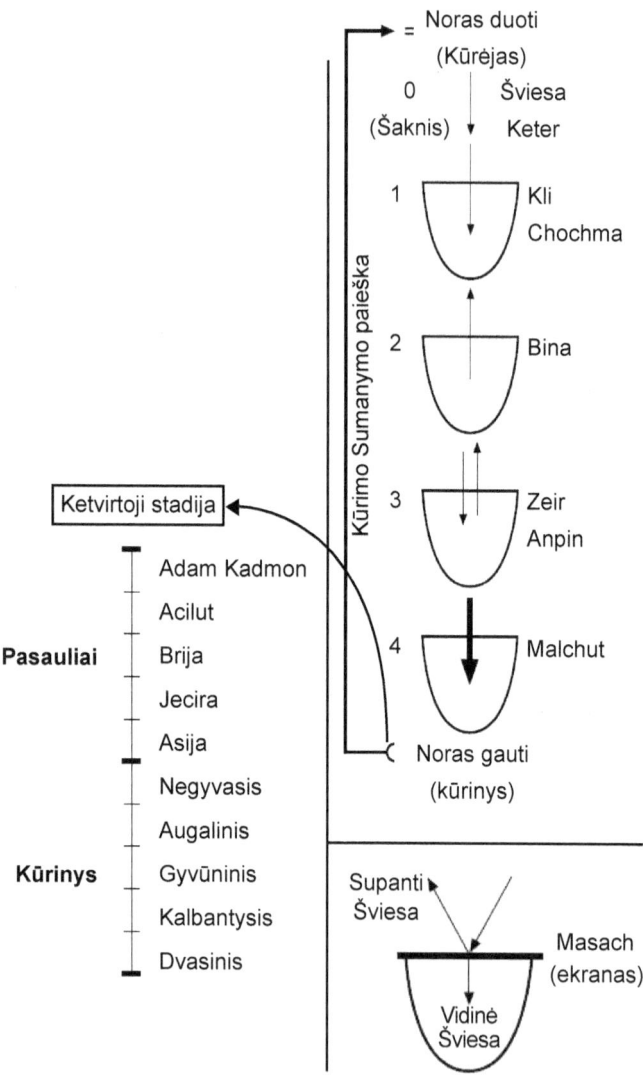

4 pieš.
Piešinio kairėje pusėje vaizduojama *Malchut* vidinė struktūra, rodanti, kad ji yra tiek visų dvasinių pasaulių, tiek materialaus pasaulio šaltinis.

Viršus ir apačia

Mes jau žinome, kad kūrinį sudaro vien noras patirti malonumus ir džiaugsmą. Vadinasi, viršus ir apačia susiję ne su kažkokia erdve, o su norais, kuriuos mes priskiriame kilniems arba žemiems. Kitaip tariant, mes labiau vertiname kilnius norus nei laikomus žemais. Ketvirtosios stadijos atveju bet koks noras, kurį galima panaudoti siekiant atiduoti Kūrėjui, priklauso viršutinei daliai ir bet koks noras, kurio šiam tikslui panaudoti negalima, priklauso apatinei daliai.

Kadangi yra penki norų lygiai – negyvasis, augalinis, gyvūninis, kalbantysis ir dvasinis, reikia išanalizuoti kiekvieną iš jų. Įgyvendinami norai sudaro pasaulius, o (kol kas) neįgyvendinami – kūrinį.

Taigi pakalbėkime detaliau apie ketvirtąją stadiją ir jos darbą su *masach*. Juk galų gale ketvirtoji stadija – tai mes, todėl supratę, kaip ji veikia, galėsime kai ką sužinoti apie save.

Ketvirtoji stadija – *Malchut* – neatsirado iš niekur. Ji – trečiosios stadijos, kuri savo ruožtu išsivystė iš antrosios stadijos, raidos padarinys. JAV prezidentas Abraomas Linkolnas irgi neiškilo iš nebūties. Iš kūdikio Eibo jis virto mažu berniuku, po to jaunuoliu, vėliau suaugusiu vyru, kuris pagaliau tapo prezidentu. Tos tarpinės jo augimo stadijos niekur nedingo. Be jų prezidentas Linkolnas niekada nebūtų tapęs prezidentu Linkolnu. Priežastis, kodėl mes negalime jų matyti, ta, kad aukščiausias išsivystymo lygis visada įtraukia ir apgaubia žemesnius lygius, tačiau šis, paskutinis, pats aukščiausias lygis ne tik jaučia savyje kitų lygių buvimą, bet ir sąveikauja su jais.

Štai kodėl kartais jaučiamės vaikais, ypač kuomet paliečiamos silpnosios mūsų vietos, neapsaugotos „užaugimo" sluoksnių. Tokiu atveju ir pasijuntame, tarsi būtume neapginti vaikai.

Tokia daugiasluoksnė struktūra vėliau leidžia mums tapti tėvais. Augindami vaikus susiejame savo dabartinę stadiją su ankstesnėmis: mums suprantamos situacijos, kuriose atsiduria mūsų auklėtiniai, nes patyrėme kažką panašaus. Tokiais atvejais taikome patirtį bei žinias, sukauptas per daugelį metų.

Žmogaus sandara tokia todėl, kad panašiai sutvarkyta *Malchut* (taip dažniausiai vadinama ši stadija). Visos ankstesnės *Malchut* stadijos yra joje ir padeda palaikyti jos struktūrą.

Kad taptų kuo panašesnė į Kūrėją, *Malchut* analizuoja kiekvieną iš joje slypinčių norų lygių ir kiekviename lygyje suskirsto norus į įgyvendinamus ir neįgyvendinamus. Bet įgyvendinami norai bus naudojami ne tik gavimui siekiant atiduoti Kūrėjui. Jie taip pat bus naudojami „padedant" Kūrėjui atlikti Jo užduotį – padaryti *Malchut* panašią į Save.

Jau sakėme, kad kūrinys, idant atliktų užduotį supanašėti su Kūrėju, turi sukurti teisingą aplinką, kuri jam leis vystytis ir padės tą panašumą pasiekti. Tą ir daro *pasauliai* – įgyvendinami norai. Jie „parodo" neįgyvendinamiems norams, kaip reikia gauti, kad atiduotum Kūrėjui, ir taip padeda jiems išsitaisyti.

Pasaulių ir kūrinio tarpusavio santykius galima pavaizduoti kaip statybininkų, iš kurių vienas nežino, ką daryti, grupę. Pasauliai moko kūrinį demonstruodami, kaip atlikti kiekvieną operaciją: kaip gręžti, kaip naudotis plaktuku, teptuku ir t.t. Dvasine prasme pasauliai rodo kūriniui, ką jiems davė Kūrėjas ir kaip jie tai teisingai panaudoja. Pamažu kūrinys gali pradėti naudoti savo norus lygiai taip pat, štai kodėl mūsų pasaulyje norai išryškėja palaipsniui, pradedant pačiais saikingiausiais ir baigiant pačiais atkakliausiais.

Iš to, ką jau sužinojome, vis dar neaišku, kuris iš penkių pasaulių yra mūsų pasaulis. Iš tikrųjų nė vienas. Nepamirškime, kad dvasinėje dimensijoje nėra „vietų", yra vien būsenos. Kuo aukštesnis pasaulis, tuo altruistiškesnei būsenai jis atstovauja. Mūsų pasaulis niekur neminimas todėl, kad dvasiniai pasauliai altruistiški, o mūsų, kaip ir mes patys, egoistiškas. Kadangi egoizmas priešingas altruizmui, mūsų pasaulis atskirtas nuo dvasinių pasaulių sistemos. Štai kodėl aprašytoje struktūroje kabalistai jo nemini.
Negana to, pasauliai faktiškai neegzistuoja, jeigu mes, tapdami panašūs į Kūrėją, patys jų nekuriame. O priežastis, kodėl apie juos yra pasakojama būtuoju laiku, ta, kad kabalistai, kurie pakilo iš mūsų į dvasinį pasaulį, perteikė mums savo atradimus kilimo kelyje. Jeigu ir mes norime atrasti savuosius dvasinius pasaulius, teks, tapus altruistais, atkurti juos savyje.

Norai skirstomi taip: pasaulis *Adam Kadmon* yra įgyvendinama negyvojo lygmens dalis, o negyvasis lygmuo apatinėje dalyje, kūrinyje, yra neįgyvendinama dalis. Iš esmės negyvajame lygmenyje nieko nereikia taisyti, nes jis nejudantis ir nenaudoja savo norų. Negyvasis (abiejų dalių) lygmuo tėra viso, kas eina po jo, šaknis.

Kitas pasaulis, *Acilut,* yra įgyvendinama augalinio lygmens dalis, o augalinis lygmuo apatinėje dalyje, kūrinyje, yra neįgyvendinama dalis. Pasaulis *Brija* yra gyvūninio lygmens įgyvendinama dalis, o gyvūninis lygmuo apatinėje dalyje, kūrinyje, yra neįgyvendinama dalis. Pasaulis *Jecira* yra įgyvendinama kalbančiojo lygmens dalis, o kalbantysis lygmuo apatinėje dalyje, kūrinyje, yra neįgyvendinama dalis. Pagaliau pasaulis *Asija* yra paties intensyviausio dvasinio norų lygmens įgyvendinama dalis, o dvasinis lygmuo apatinėje dalyje, kūrinyje, yra neįgyvendinama dalis.

Dabar jūs žinote, kodėl, jei žmonija bus ištaisyta, tą pačią akimirką išsitaisys visa kita. Taigi pakalbėkime apie mus ir apie tai, kas mums nutiko.

Adam Rišon – bendroji siela

Adam Rišon, bendroji siela (kūrinys), yra tikroji viso, kas čia vyksta, šaknis. Tai norų, atsiradusių susiformavus dvasiniams pasauliams, struktūra. Kaip sakėme anksčiau, penki pasauliai – *Adam Kadmon, Acilut, Brija, Jecira* ir *Asija* – užbaigė ketvirtosios stadijos viršutinės dalies formavimą. Bet apatinė jos dalis vis dar turi vystytis.

Kitaip tariant, sielą sudaro neįgyvendinami norai, kurie, kai pirmąkart buvo sukurti, nesugebėjo priimti Šviesos, kad atiduotų ją Kūrėjui. Dabar jie turi vienas paskui kitą išryškėti ir pasaulių, įgyvendinamų norų, padedami tapti ištaisyti – įvykdomi.

Taigi apatinė dalis, kaip ir viršutinė ketvirtosios stadijos dalis, skirstoma į negyvąjį, augalinį, gyvūninį ir kalbantįjį norų lygmenis. *Adam Rišon* vystosi tokia pačia tvarka, kaip ir pasauliai bei keturios pagrindinės stadijos. Tačiau *Adomo* norai egoistiški, egocentriški ir todėl jis pirmiausia negalėjo priimti Šviesos. To rezultatas: mes – *Adomo* sielos dalelės – praradome visumos ir vienybės pojūtį, su kuriuo buvome sukurti.

Būtina suprasti, kaip dirba dvasinė sistema. Kūrėjas nori duoti, todėl Jis mus sukūrė ir palaiko mūsų egzistavimą. Kaip jau sakėme, pagal prigimtį noras gauti yra egocentriškas; jis viską traukia į save, tuo tarpu noras duoti nuolat perkelia dėmesio centrą į išorę, į gavėją.

Kadangi Kūrėjas nori duoti, tas, kurį Jis sukūrė, be abejo, norės gauti, kitaip Jo noras negalės išsipildyti. Vadinasi, Jis turėjo suteikti mums norą gauti ir nieko kito. Labai svarbu įsisąmoninti, kad mes neturime ir negalime turėti nieko, išskyrus norą gauti. Taigi, jei priimame Kūrėjo dovanas, ratas užsibaigia. Ir Jis, ir mes laimingi. Tiesa?

Iš tikrųjų ne visai. Kadangi viskas, ko norime, – tai gauti, mes negalime užmegzti ryšio su davėju, nes negebame pažvelgti į išorę, kad pamatytume, iš kur ateina dovanos. Pasirodo, mes turime turėti norą gauti, tačiau kartu turime žinoti *davėją*, o tam reikalingas noras atiduoti. Štai kodėl yra pirmoji ir antroji stadijos.

Įgyti abu norus – neturima galvoje sukurti naują norą, kurio Kūrėjas mums nesuteikė. Tam reikia sutelkti dėmesį vien į malonumą, kurį teikiame davėjui, o ne į savąjį pasitenkinimą, kurį galime patirti arba nepatirti atiduodami. Tai vadinama „ketinimu atiduoti". Tai yra ištaisymo esmė, ir taip mes, žmonės, iš egoistų virstame altruistais. Galiausiai įgiję šią savybę galime užmegzti ryšį su Kūrėju, ko ir turėtų mus išmokyti dvasiniai pasauliai.

Kol nepasijusime susieti su Kūrėju, esame sudužusios *Adam Rišon* sielos dalys, neištaisyti norai. O atsiradus ketinimui atiduoti, tą pačią akimirką išsitaisome ir užmezgame ryšį su Kūrėju bei su visa žmonija. Kai visi išsitaisysime, vėl pakilsime į savo Pradinę Stadiją, aukščiau pasaulio *Adam Kadmon*, į patį Kūrimo Sumanymą, vadinamą *Ein Sof* (be galo), nes mūsų realizacija bus begalinė ir amžina.

Išvados

Kūrimo Sumanymas – dovanoti malonumą ir džiaugsmą, kūrinį darant panašų į Kūrėją. Šis Sumanymas (Šviesa) sukuria norą gauti malonumą ir džiaugsmą.

Po to noras gauti ima virsti noru atiduoti, nes tai panašiau į Kūrėją ir, aišku, labiau pageidautina. Tuomet noras gauti nusprendžia gauti todėl, kad tai būdas teikti malonumą Kūrėjui. Be to, jis trokšta pažinti savo sukūrimo Sumanymą, nes kas gi gali būti maloniau, nei viską žinoti. Pagaliau noras gauti (kūrinys) pradeda gauti su ketinimu atiduoti, juk atidavimas daro jį panašų į Kūrėją, dėl ko ga-lima suvokti Jo mintis.

Norai, siekiantys gauti, kad atiduotų, formuoja pasaulius, kurie laikomi viršutine Kūrimo dalimi, o norai, kurių negalima panaudoti atidavimui, sudaro bendrąją *Adam Rišon* sielą. Šie norai laikomi apatine Kūrimo dalimi.

Pasauliai ir siela turi panašią struktūrą, bet skiriasi norų stiprumu. Todėl pasauliai gali parodyti sielai, ką daryti, kad išmoktų atiduoti, ir taip padeda *Adam Rišon* sielai išsitaisyti.

Galima sakyti, jog kiekvienas noras išsitaiso tam tikrame pasaulyje: negyvasis lygmuo taisosi pasaulyje *Adam Kadmon*, augalinis – pasaulyje *Acilut*, gyvūninis – pasaulyje *Brija*, kalbantysis – pasaulyje *Jecira*, o dvasingumo siekis gali išsitaisyti tiktai pasaulyje *Asija*, kurio apatinė dalis yra mūsų materiali visata. Šis teiginys padeda mums pradėti kito skyriaus temą.

4 skyrius

Mūsų visata

Ankstesniojo skyriaus pradžioje kalbėjome, kad prieš kūrimo aktą buvo Kūrimo Sumanymas. Šis Sumanymas sukūrė noro gauti stadijas – nuo pirmosios iki ketvirtosios, noras gauti sukūrė pasaulius – nuo *Adam Kadmon* iki *Asija*, pasauliai savo ruožtu sukūrė *Adam Rišon*, suskilusį į miriadus šiandien esamų sielų.

Labai svarbu įsiminti kūrimo tvarką, nes ji padeda suprasti, jog raida vyksta iš viršaus į apačią, nuo dvasinės substancijos iki materialiosios, o ne atvirkščiai. Praktiškai tai reiškia, kad mūsų pasaulį sukūrė dvasiniai pasauliai ir jis yra jų valdomas.

Maža to, mūsų pasaulyje nėra nė vieno įvykio, kuris iš pradžių nenutiktų viršuje. Vienintelis mūsų ir dvasinių pasaulių skirtumas tas, kad dvasiniuose pasauliuose įvykiai atspindi altruistinius ketinimus, o mūsų pasaulyje – egoistinius.

Kadangi pasaulių struktūrą formuoja daug pakopų, mūsų pasaulį galima pavadinti dvasinių procesų ir įvykių „pasekmių pasauliu". Kad ir ką darytume čia, tai visai neturi įtakos dvasiniams pasauliams. Vadinasi, jeigu norime ką nors pakeisti savo pasaulyje, pirmiausia turime pakilti į dvasinius pasaulius, į mūsų pasaulio „valdymo pultą", ir veikti iš ten.

Piramidė

Kaip ir dvasiniuose pasauliuose, visa, kas yra mūsų pasaulyje, vystosi per penkias stadijas, nuo nulinės iki ketvirtosios. Mūsų pasaulio struktūra panaši į piramidę. Apačioje, prie šio pasaulio evoliucijos ištakų, yra negyvasis (nejudantis) lygmuo, sudarytas iš trilijonų materijos tonų (žr. 5 pieš.). Tarp tų trilijonų materijos tonų pasimetusi mažytė kibirkštėlė, vardu „planeta Žemė". Štai šioje Žemėje prasidėjo augalinis noro raidos laikotarpis. Žinoma, planetos augalijos masė daug kartų mažesnė už negyvosios materijos, o juo labiau už visos Visatos masę. Gyvūnai atsirado vėliau negu augalai ir jų masė, netgi palyginti su augalais, nežymi. Kalbančios būtybės atsirado paskiausiai ir jų masė pati mažiausia.

Pastaraisiais laikais iš kalbančiojo lygmens išsivystė kitas lygmuo, vadinamas „dvasiniu lygmeniu", arba „dvasingumu". (Kadangi kalbame apie geologines epochas, žodžiai „pastarieji laikai" reiškia, kad tai vyko tik prieš kelis tūkstantmečius). Mes negalime aprėpti viso Kūrimo, tačiau panagrinėję jo piramidę ir pagalvoję apie proporcinį dviejų vienas šalia kito esančių lygmenų santykį, pradėsime suprasti, koks neįprastas ir naujas yra dvasingumo siekis. Iš esmės, jeigu įsivaizduosime Visatos egzistavimo laikotarpį (maždaug 15 milijardų metų) kaip vieną 24 valandų parą, tai dvasingumo siekis atsirado prieš 0,0288 sekundės. Geologinių epochų masteliu tai ir yra „dabar".

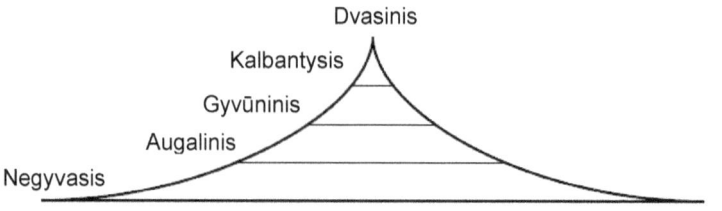

5 pieš.
Tikrovės piramidė yra ir norų piramidė. Ji būdinga ir dvasiniams pasauliams, ir mūsų materialiam pasauliui.

Taigi, viena vertus, kuo kilnesnis noras, tuo jis retesnis (ir jaunesnis). Kita vertus, aukščiau žmogiškojo lygmens esantis dvasinis lygmuo liudija, jog mūsų evoliucija dar nebaigta. Evoliucija lieka tokia pat dinamiška, kaip visada, bet kadangi mes esame paskutiniame išryškėjusiame jos lygmenyje, natūralu, kad laikome jį aukščiausiu. Galima būti viršutiniame lygmenyje, bet nebūtinai jis bus galutinis. Esame tik pačiame paskutiniame iš jau realizuotų lygmenų.

Galutiniame lygmenyje mūsų kūnai bus tokie patys, kaip anksčiau, bet mąstymas, jausmai ir gyvenimo būdas pasikeis iš pagrindų. Visa tai mumyse jau bręsta ir yra vadinama „dvasiniu lygmeniu".

Nebus reikalingi jokie fiziniai pasikeitimai, jokios naujos rūšys – tik vidiniai mūsų pasaulėjautos pokyčiai. Štai kodėl kita stadija tokia neapčiuopiama; ji slypi mumyse, įrašyta mūsų „rešimot" (dvasiniuose genuose) kaip duomenys standžiajame diske. Ši informacija bus perskaityta ir įgyvendinta, nesvarbu, įsisąmoniname ją ar ne. Tačiau mes galime ją perskaityti ir įgyvendinti daug greičiau ir maloniau, jeigu pritaikysime teisingą programinę įrangą – kabalos išmintį.

Kaip viršuje, taip ir apačioje

Jeigu nubrėšime žemiško vystymosi fazių paralelę su keturiomis tiesioginės Šviesos plitimo stadijomis, tai mineralų era atitinka pradinę (nulinę) stadiją, augalų – pirmąją stadiją, gyvūnų – antrąją stadiją, kalbančių būtybių – trečiąją stadiją, o dvasingumo era – ketvirtąją stadiją. Ugninga Žemės jaunystė truko kelis milijardus metų. Planetai ataušus, atsirado augalija, tapusi viešpataujančia gyvybės forma daugeliui milijonų metų. Kaip augalinis dvasinės piramidės lygmuo gerokai siauresnis už negyvąjį lygmenį, taip ir fizinis augalinis laikotarpis buvo trumpesnis už Žemės neorganinį laikotarpį.

Pasibaigus augalinei stadijai, atėjo gyvūninio lygmens laikotarpis. Kaip ir dviejų pirmųjų erų atveju, gyvūnų era buvo daug trumpesnė už augalijos – proporcingai augalinio ir gyvūninio dvasinės piramidės lygmenų santykiui.

Žmogiškoji stadija, atitinkanti kalbantįjį dvasinės piramidės lygmenį, tęsiasi paskutiniuosius keturiasdešimt tūkstančių metų arba apie tiek. Kai žmonės pabaigs savo vystymąsi ketvirtojoje (paskutinėje) stadijoje, evoliucija užsibaigs ir žmonija vėl susivienys su Kūrėju.

Ketvirtoji stadija prasidėjo prieš kokius penkis tūkstančius metų, kada žmoguje „prabilo" „taškas širdyje". Kaip ir dvasiniame pasaulyje, žmogus, kuris pirmąkart pajuto šį tašką, buvo vardu Adomas. Tai buvo *Adam Rišon* (Pirmasis žmogus). Vardas *Adam* (Adomas) kilęs iš hebrajiško posakio, skambančio: „Edome la Elijon" („Aš būsiu kaip Aukštesnysis"), ir atspindi Adomo norą supanašėti su Kūrėju.

Mūsų laikais, XXI amžiaus pradžioje, evoliucija užbaigia ketvirtosios stadijos – noro supanašėti su Kūrėju – vystymąsi. Štai kodėl šiandien vis daugiau žmonių ieško dvasinių atsakymų į savo klausimus.

Laiptais aukštyn

Kabalistai apie dvasinę evoliuciją kalba kaip apie kilimą dvasiniais laiptais. Kabalistas Jehudis Ašlagas knygos „Zohar" komentarą pavadino „Peruš ha Sulam" („Suvokimo laiptų komentaras"), už ką ir nusipelnė Baal Sulamo („Laiptų savininko") vardo. Tačiau prieš kelis puslapius rašėme, kad „laiptai aukštyn" faktiškai reiškia „atgal į šaltinį". Taip yra todėl, kad mes jau buvome ten, bet dabar turime išsiaiškinti, kaip grįžti savarankiškai.

Šaltinis – štai galutinis tikslas, mūsų kelias eina ten. Kad pasiektume šaltinį greitai ir saugiai, būtinas didžiulis noras – *kli*. Tokį nepaprastą dvasingumo siekį gali sukelti tik Šviesa, Kūrėjas, bet kad jis taptų pakankamai stiprus, būtinas aplinkos palaikymas.

Truputį paaiškinsime: kai man norisi gabaliuko torto, įsivaizduoju jo skonį, spalvą, kvapą, kaip jis tirpsta burnoje. Kuo daugiau apie jį galvoju, tuo labiau norisi. Kabaloje sakytume, kad „tortas šviečia" man „supančia Šviesa".

Taigi, kad mes trokštume dvasingumo, reikalingas supančios Šviesos, kuri privers panorėti dvasinių malonumų, poveikis. Kuo daugiau tokios Šviesos sukaupiame, tuo sparčiau progresuojame. Dvasingumo troškimas vadinamas „*MAN* kėlimu", o tokio veiksmo technika analogiška noro suvalgyti gabaliuką torto stiprinimui: įsivaizduokite dvasines būsenas, kalbėkite, skaitykite, galvokite apie jas, darykite visa, kas įmanoma, kad susitelktumėte į jas. Tačiau galingiausias būdas sustiprinti bet kokį norą – jus supanti visuomenė. Mes galime panaudoti aplinką, kad sustiprintume savo dvasinį norą – savo MAN, ir tai pagreitins mūsų tobulėjimą.

Kuo skiriasi Šviesos pavadinimai – „supanti Šviesa" ir tiesiog „Šviesa"?
Skirtingi pavadinimai „supanti Šviesa" ir „Šviesa" priklauso dviem tos pačios Šviesos funkcijoms. Šviesą, kuri nelaikoma supančia, patiriame kaip malonumą, o supanti Šviesa kuria kli, indą, į kurį kada nors įeis Šviesa. Iš esmės jos abi – ta pati Šviesa, bet kai jaučiame jos tobulinantį ir formuojantį poveikį, vadiname ją „supančia Šviesa", o jausdami ją kaip gryną malonumą vadiname „Šviesa".
Žinoma, mes negausime Šviesos tol, kol neparuošime kli. Tačiau Šviesa visada šalia, ji supa mūsų sielas taip pat kaip gamta, nuolat esanti aplink mus. Taigi, jeigu neturime kli, jį mums formuoja supanti Šviesa stiprindama mūsų malonumo norą.

Smulkiau apie aplinką pakalbėsime šeštajame skyriuje, o dabar pagalvokime apie ją tokiame kontekste: jeigu visi aplink mane nori to paties ir apie tai kalba, jeigu siekia tik vieno, tai ir aš būtinai to panorėsiu.

Antrajame skyriuje sakėme, kad atsiradęs kli (noras) verčia mūsų smegenis ieškoti būdo užpildyti tą norą Šviesa (Or), jį patenkinti. Kuo didesnis kli, tuo daugiau Šviesos; kuo daugiau Šviesos, tuo greičiau atrasime teisingą kelią.

Iš pradžių turime suprasti, kaip supanti Šviesa kuria kli ir kodėl ji vadinama Šviesa. Kad visa tai suprastume, reikia išsiaiškinti „rešimot" koncepciją.

Dvasiniai pasauliai ir Adam Rišon siela vystėsi tam tikra tvarka. Pasaulių atveju – Adam Kadmon, Acilut, Brija, Jecira ir Asija, Adam Rišon atveju evoliucijos etapai buvo pavadinti pagal nuosekliai iškildavusių norų tipus – negyvasis, augalinis, gyvūninis, kalbantysis ir dvasinis.

Kaip mes nepamirštame vaikystės ir savo dabartiniame gyvenime remiamės praeities patirtimi, taip ir kiekvienas užbaigtas evoliucijos proceso etapas neišnyksta, o registruojamas mūsų „dvasinėje atmintyje". Kitaip tariant, mumyse užrašyta visa mūsų evoliucijos istorija, pradedant nuo laikų, kai buvome suvienyti su Kūrimo Sumanymu, iki šios dienos. Pakilti dvasiniais laiptais reiškia prisiminti būsenas, kurias jau esame patyrę, ir atskleisti šiuos prisiminimus.

Šiems prisiminimams tinka pavadinimas „rešimot" (įrašai), kiekvienas *rešimo* (žodžio „rešimot" vienaskaita) nusako tam tikrą dvasinę būseną. Kadangi mūsų dvasinė evoliucija paklūsta tam tikrai tvarkai, tai ir *rešimot* pasireiškia mumyse ta pačia tvarka. Kitaip tariant, mūsų būsimos būsenos jau nustatytos, nes mes nieko naujo nekuriame, o tiesiog prisimename įvykius, kurie mums jau buvo nutikę, bet mes to nežinome. Žmogus tegali nuspręsti vienintelį dalyką (smulkiau tai aptarsime kituose skyriuose) – kaip greitai jis kils laiptais. Kuo labiau stengiamės kildami, tuo greičiau keisis šios būsenos ir tuo sparčiau dvasiškai tobulėsime.

Kiekvienas *rešimo* užbaigiamas tada, kai mes patiriame jį visą. Visus *rešimot* galima palyginti su grandinės grandimis – baigiasi vienas *rešimo*, iškyla kitas. Kiekvieną *rešimo*, kuris išryškėja dabar, iš pradžių sukūrė ankstesnis *rešimo*, bet kadangi mes kylame laiptais atgal, dabartinis *rešimo* „pažadina" jį sukūrusį *rešimo*. Todėl neverta tikėtis, kad dabartinė būsena baigsis ir galėsime atsikvėpti – juk vienai būsenai pasibaigus, tampa aktyvi kita, ir taip tęsis tol, kol išsitaisysime.

Siekdami tapti altruistais (dvasingais žmonėmis) artėjame prie savo ištaisytos būsenos, nes vis greičiau atskleidžiame *rešimot*. Kadangi šie *rešimot* yra kilnių dvasinių išgyvenimų įrašai, jie pagimdo vis dvasingesnius pojūčius.

Kai tai įvyksta, pradedame miglotai jausti šiai būsenai būdingus sąryšius, vienybę ir meilę kaip tolimą blausią šviesą. Kuo labiau trokštame ją pasiekti, kuo ji tampa artimesnė, tuo ryškiau šviečia. Negana to, kuo Šviesa intensyvesnė, tuo stipriau jos siekiame. Taip Šviesa formuoja *kli* – mūsų dvasingumo norą.

Taigi matome, kad sąvoka „supanti Šviesa" puikiai apibūdina, kaip mes ją jaučiame. Tol, kol neįgijome Šviesos, patiriame ją kaip išorinę, traukiančią akinančios palaimos pažadais.

Kaskart, kai Šviesa suformuoja ganėtinai didelį *kli*, kad galėtume pereiti į kitą lygį, atsiskleidžia kitas *rešimo* ir mums kyla naujas noras. Mes nežinome, kodėl keičiasi mūsų norai, nes jie visada yra aukštesnio lygio nei esama *rešimot* dalis, netgi tada, kai mums tokie neatrodo.

Taip pat, kaip atsiskleidė paskutinis *rešimo*, nulėmęs dabartinę mūsų būseną, naujas noras kyla iš naujo *rešimo*. Ir taip mes toliau kylame laiptais. *Rešimot* ir kilimų spiralės pabaiga – Kūrimo tikslas, mūsų sielų šaknis, kur prilygstame Kūrėjui ir esame su Juo suvienyti.

Dvasingumo siekis

> Žmonės skiriasi vienas nuo kito vien pasirinktu malonumui patirti būdu. Pats malonumas yra beformis, neapčiuopiamas. Jis paslėptas po įvairiais „apvalkalais" bei „apdarais" ir sukuriama iliuzija, jog egzistuoja keletas malonumų rūšių, nors iš tikrųjų visa tai – aibė skirtingų apvalkalų rūšių.
> Faktas, kad malonumas turi dvasinę prigimtį, paaiškina mūsų nesąmoningą siekį pakeisti jo išorinį apvalkalą į norą pajusti šį malonumą grynąja, tikrąja forma – kaip Kūrėjo Šviesą.
> Kadangi nežinome, jog žmonių skirtingumas ir yra skirtingų malonumo apvalkalų noras, sprendžiame apie juos pagal tai, kokius apvalkalus jie labiau vertina. Kai kuriuos iš tų apvalkalų mes laikome teisingais, pavyzdžiui, meilę vaikams, o kitus, pavyzdžiui, narkotikus – netinkamais. Pajutę, kad mumyse atsiranda netinkamas malonumo apvalkalas, esame priversti slėpti šį savo norą. Tačiau paslėptas noras niekur nedingsta ir, aišku, nesitaiso.

Kaip aiškinome ankstesniajame skyriuje, apatinė ketvirtosios stadijos dalis – tai *Adam Rišon* sielos substancija. Kaip pasauliai kuriasi didėjant norams, taip ir Adomo sielos (žmonijos) evoliucija perėjo penkias stadijas: nuo nulinės (negyvosios) iki ketvirtosios (dvasinės).

Žmonija kiekvieną stadiją išgyvena iki galo, kol ši išsisemia. Po to pagal glūdinčių mumyse *rešimot* seką išryškėja kito lygio norai. Iki šiandien mes jau patyrėme visų norų – nuo negyvųjų iki kalbančiųjų – visus *rešimot*. Kad užsibaigtų žmonijos evoliucija, mums liko tik viena – patirti visą dvasinių malonumų spektrą. Tada ir bus pasiekta mūsų ir Kūrėjo vienybė.

Iš tikrųjų penktojo lygmens norai, kaip teigė kabalistas Izaokas Lurija (Ari), pradėjo atsirasti dar XVI amžiuje, bet šiandien mes tampame pačios intensyviausios penktojo lygmens (dvasinio pasitenkinimo siekio) raiškos liudininkais. Negana to, matome didžiausią šio lygmens suaktyvėjimą, kai milijonai žmonių visame pasaulyje ieško dvasinių atsakymų į savo klausimus.

Kadangi *rešimot*, atsiskleidžiantys šiandien, yra arčiau dvasingumo nei praeities *rešimot*, pagrindiniai klausimai, kuriuos kelia šiuolaikinis žmogus, siejasi su jo kilme, egzistavimo ištakomis. Nepaisant to, kad dauguma turi stogą virš galvos bei uždirba pakankamai, idant apsirūpintų patys ir aprūpintų savo šeimą, žmonėms neduoda ramybės klausimai, iš kur jie atsirado, kieno sumanymu ir kokiam tikslui. O kai žmonių netenkina pasaulio religijų siūlomi atsakymai, jie ieško kituose žinių šaltiniuose.

Esminis skirtumas tarp ketvirtosios ir kitų stadijų tas, kad ketvirtojoje stadijoje mes turime tobulėti sąmoningai. Ankstesnėse stadijose pereiti į kitą evoliucijos etapą visada mus vertė gamta. Ji veikė mus pakankamai stipriai, kad įprastą būseną pajustume kaip nepatogią ir panorėtume ją pakeisti. Būtent taip gamta vysto visas savo dalis: žmoniją, gyvūnus, augalus ir netgi mineralus.

Kadangi esame iš prigimties tinginiai, pereiname iš vienos būsenos į kitą tik tada, kai spaudimas tampa nebepakeliamas. Kitaip mes nepajudinsime nė piršto. Logika paprasta: man ir čia gerai, kam kažkur eiti?

Tačiau gamtos buvo sumanyta kitaip. Ji negalėjo mums leisti tenkintis įprasta būsena, ji nori, kad mes tobulėtume, kol pasieksime jos pačios lygmenį – Kūrėjo lygmenį. Toks yra Kūrimo tikslas.

Vadinasi, mums atsiveria dvi galimybės: galime pasirinkti vystymąsi spaudžiant gamtai (skausmingai) arba vystytis neskausmingai, patiems dalyvaujant savo sąmonės tobulinime. Nėra numatyta, kad nustosime vystytis, nes tai neįėjo į gamtos planus, kai ji mus sukūrė.

Jeigu mūsų dvasinis lygis pradeda kilti, taip atsitinka vien todėl, kad mes *norime* tobulėti ir pasiekti Kūrėjo būseną. Kaip ir ketvirtojoje stadijoje, turime savo valia pakeisti savo norus.

Todėl gamta ir toliau mus spaus. Kentėsime nuo uraganų, žemės drebėjimų, epidemijų bei visokiausių stichinių ir žmogaus sukeltų kataklizmų tol, kol suvoksime, kad privalome pasikeisti, kad turime sąmoningai grįžti į savo Šaknį.

Pakartokime: mūsų dvasinė šaknis evoliucionavo nuo Nulinės iki Ketvirtosios stadijos; Ketvirtoji stadija susiskirstė į pasaulius (viršutinė dalis) ir sielas (apatinė dalis). Sielos, sudarančios bendrąją *Adam Rišon* sielą, sudužo ir prarado vienybės su Kūrėju pojūtį. Tas *Adam Rišon* sudužimas ir nulėmė dabartinę žmonijos būseną, vadinamą „žemiau barjero", arba tiesiog „mūsų pasauliu". Įveikusi barjerą, dvasinė jėga sukūrė materialią dalelę, kuri ėmė vystytis. Tai buvo Didysis Sprogimas.

Reikia atminti: kai kabalistai kalba apie dvasinį pasaulį ir materialųjį, fizinį, pasaulį, jie turi galvoje altruistines ir egoistines savybes. Jie *niekada* neturi omenyje pasaulių, užpildančių fizinę erdvę kažkokioje nežinomoje visatoje.

Negalima įlipti į kosminį laivą ir nuvykti, pavyzdžiui, į pasaulį *Jecira* arba įgyti dvasingumą pakeitus savo būdą. Jį įgyti įmanoma vien tapus altruistu, panašiu į Kūrėją. Kai tai realizuosime, atrasime, kad Kūrėjas jau yra mumyse, kad laukdamas mūsų Jis visada čia buvo.

Visi lygmenys, išskyrus paskutinįjį, evoliucionavo neįsisąmonindami savojo „aš". O dėl asmenybės, tai pats faktas, kad egzistuojame, nereiškia, jog įsisąmoniname savo egzistavimą. Prieš pasiekdami ketvirtąjį lygmenį mes tiesiog egzistuojame. Kitaip tariant, kiek galima maloniau nugyvename gyvenimą, bet suvokiame jį kaip kažką savaime suprantamą neklausdami, ar jis turi tikslą.

Tačiau ar tai iš tikrųjų akivaizdu? Kadangi egzistuoja mineralai, augalai gali maitintis ir augti; kadangi egzistuoja augalai, gyvūnai gali maitintis ir augti; kadangi egzistuoja mineralai, augalai ir gyvūnai, žmonės gali maitintis ir augti. Taigi kokia žmogaus egzistavimo prasmė? Visi lygmenys tarnauja mums, o kam tarnaujame mes? Patiems sau? Savajam egoizmui? Kai pirmąkart imame kelti tokius klausimus, prasideda mūsų sąmoninga raida, atsiranda dvasingumo siekis, kuris vadinamas „tašku širdyje".

Paskutiniame evoliucijos etape mes pradedame pažinti procesą, kuriame dalyvaujame. Paprasčiau kalbant, imame suvokti gamtos logiką. Kuo geriau ją suprantame, tuo labiau praplečiame savo sąmonę ir integruojamės į ją. Pagaliau, kai visiškai įsisąmoninsime tą logiką, suvoksime, kaip veikia gamta, ir net išmoksime ją valdyti. Šis procesas vyksta tik paskutiniame – dvasinio kilimo – lygmenyje.

Būtina visam laikui atsiminti, kad žmonija sąmoningai ir savanoriškai turi atverti baigiamąjį savo raidos lygį. Be tikrojo noro dvasiškai augti neįmanoma jokia evoliucija. Be šito dvasinė plėtra „iš viršaus žemyn" jau įvyko. Mes buvome vedami per keturias Šviesos plitimo stadijas, per penkis pasaulius (*Adam Kadmon, Acilut, Brija, Jecira ir Asija*) ir pagaliau apgyvendinti šiame pasaulyje.

Jeigu dabar norime kopti dvasiniais laiptais atgal, turime

sąmoningai tai pasirinkti. Bet pamiršę, kad Kūrimo tikslas – mūsų supanašėjimas su Kūrėju, negalėsime suprasti, kodėl gamta mums nepadeda, o kartais mūsų kelyje netgi sukuria kliūtis.

Kita vertus, jeigu susitelksime į gamtos tikslą, pajusime, jog mūsų gyvenimas – kerinti, žadanti atradimų kelionė, dvasinių lobių paieška. Maža to, juo aktyvesnis mūsų dalyvavimas gyvenimo kelionėje, tuo greičiau ir lengviau tie atradimai bus padaryti. Dar geriau, kad visas negandas suvoksime kaip klausimus, į kuriuos turime atsakyti, o ne kaip slegiančius fizinio egzistavimo išbandymus. Štai kodėl sąmoningas tobulėjimas kur kas vertesnis už priverstinį, kurio imamės po skausmingų gamtos baksnojimų į nugarą.

Jei norime dvasiškai tobulėti, vadinasi, turime tam tinkamą *kli*, ir nėra nieko puikesnio kaip jausti užpildytą *kli*, įgyvendintą norą.

Tačiau dvasingumo siekis turi atsirasti anksčiau nei dvasinis užpildymas. *Kli* parengimas Šviesai – ne tik vienintelis kilimo būdas ketvirtojoje stadijoje, bet ir vienintelis dalykas, kuris gali suteikti neabejotiną malonumą.

Jei pagalvosime, faktiškai nėra nieko natūraliau, kaip paruošti *kli* iš anksto. Jeigu noriu atsigerti, vanduo yra mano šviesa, mano malonumas. Žinoma, kad jį išgerčiau, pirma turiu paruošti indą (*kli*), kuris šiuo atveju bus troškulys. Tas pats tinka viskam, ką norime gauti šiame pasaulyje. Jeigu naujas automobilis – mano šviesa, tada noras jį turėti yra manasis *kli*. Šis *kli* mane verčia dirbti dėl automobilio ir draudžia leisti pinigus kitoms užgaidoms.

Dvasinis *kli* skiriasi nuo materialaus vien tuo, kad negalime žinoti, ką į dvasinį *kli* gausime. Tarp žmogaus būsenos ir jo trokštamo tikslo yra barjeras, tad niekada nežinai, koks yra tikslas, kol jo nepasieki. O kai tikslas pasiektas, jis viršija viską, ką buvo galima įsivaizduoti, bet iki tos akimirkos nekada iki galo nežinai, koks jis didingas.

Išvados

Fizinio pasaulio raidos etapų tvarka yra tokia pati, kaip ir dvasinio pasaulio, – tai norų piramidė. Dvasiniame pasaulyje norai (negyvojo lygmens, augaliniai, gyvūniniai, kalbančiojo lygmens ir dvasiniai) sudaro pasaulius *Adam Kadmon*, *Acilut*, *Brija*, *Jecira* ir *Asija*. Materialiajame pasaulyje jie sukuria mineralus, augalus, gyvūnus, žmones ir žmones su „tašku širdyje".

Materialus pasaulis susikūrė, kai sudužo *Adam Rišon* siela. Tada visi norai pradėjo reikštis vienas paskui kitą, nuo silpnų iki stiprių, nuo negyvųjų iki dvasinių stadija po stadijos kurdami mūsų pasaulį.

Šiandien, XXI amžiaus pradžioje, jau suformuotos visos stadijos, išskyrus dvasinio pasaulio siekį, kuris reiškiasi vis aktyviau. Ištaisę šį naują norą mes susivienysime su Kūrėju, nes iš esmės dvasingumo troškimas ir yra vienybės su Kūrėju noras. Taip pasaulio ir žmonijos evoliucijos procesas pasieks kulminaciją.

Stiprėjant mūsų norui grįžti prie dvasinių šaknų, mes kuriame dvasinį *kli*. Supanti Šviesa taiso ir tobulina šį *kli*. Kiekvienas naujas išsivystymo lygis pažadina naują *rešimo* – įrašą apie tobulesnę būseną, kurią jau esame patyrę anksčiau. Galų gale supanti Šviesa ištaiso visą *kli* ir *Adam Rišon* siela vėl susijungia su visomis savo dalelėmis ir su Kūrėju.

Tačiau analizuojant šį procesą kyla klausimas: jeigu *rešimot* įrašyti manyje ir jeigu tam tikros būsenos irgi pabunda ir yra patiriamos mano viduje, tai kur objektyvi realybė? Jeigu kito žmogaus *rešimot* skiriasi nuo manųjų, gal tai reiškia, jog jis gyvena kitame nei aš pasaulyje? Ir kaip su dvasiniais pasauliais, kur jie yra, jei viskas egzistuoja manyje? O kur yra Kūrėjo vieta? Skaitykite toliau, į visus šiuos klausimus rasite atsakymus kitame skyriuje.

5 skyrius

Kieno realybė yra realybė?

> *Visi pasauliai – aukštesnieji
> ir žemesnieji – yra žmoguje.*
>
> Jehudis Ašlagas

Iš visų nelauktų idėjų, kurias galima atrasti kabaloje, nėra nė vienos sunkiau prognozuojamos, iracionalesnės ir kartu tokios gilios bei kerinčios kaip realybės koncepcija. Jeigu ne Einšteinas ir kvantinė fizika, kurie iš esmės pakeitė žmonių supratimą apie realybę, čia pateiktos idėjos galėtų būti atmestos ir išjuoktos.

Ankstesniame skyriuje kalbėjome, jog evoliucija galima todėl, kad mūsų noras gauti malonumus vystosi nuo nulinio lygio iki ketvirtojo. Tačiau, jeigu mūsų norai buvo pasaulio evoliucijos varomoji jėga, ar egzistuoja išorinis pasaulis? O gal supantis pasaulis iš tikro yra pasaka, kuria norime tikėti?

Mes aiškinomės, kad Kūrimas prasidėjo nuo Kūrimo Sumanymo, sukūrusio keturias pagrindines tiesioginės Šviesos plitimo stadijas. Šios stadijos apima dešimt *sfirų*: *Keter* (nulinę stadiją), *Chochma* (pirmąją stadiją), *Bina* (antrąją stadiją), *Chesed, Gvura, Tiferet, Necah, Hod* ir *Jesod* (jos visos sudaro trečiąją *Zeir Anpin* stadiją) ir *Malchut* (ketvirtąją stadiją).

Knyga „Zohar" – mokslinis veikalas, kurį studijuoja kiekvienas kabalistas, teigia, kad visa realybė sudaryta vien iš dešimt *sfirų*. Viskas sukurta iš dešimties *sfirų* struktūrų. Jos skiriasi tarpusavyje tik tiek, kiek giliai yra panertos į mūsų substanciją – norą gauti.

Kad suprastumėte, ką kabalistai turi omenyje sakydami „jos yra panertos į mūsų substanciją", įsivaizduokite tam tikrą kūną, tarkim, kamuolį, įspaustą į plastilino ar molio, tinkamo lipdybai, gabalą. Kamuolys yra dešimties *sfirų* grupė, o molis – mes, arba mūsų sielos. Jeigu įspausime kamuolį į molį, kamuoliui nieko nenutiks, bet kuo giliau jis bus įspaustas į molį, tuo labiau keisis molis.

Su kuo galima palyginti dešimties *sfirų* grupės ir sielos sąveiką? Ar jums teko kada nors staiga pastebėti, kad kažkas aplink jus ne taip, kaip buvo visada? Tai panašu į pojūtį, kuris atsiranda, kai dešimt *sfirų* grimzta į norą gauti. Paprastai kalbant, jeigu mes staiga įsisąmoniname kažką, ko nejutome anksčiau, tai todėl, kad į mus giliau įėjo dešimt *sfirų*.

Norą gauti kabalistai vadina *avijut*. *Avijut* reiškia „storis", o ne „noras". Jie vartoja šį terminą todėl, kad kuo noras gauti didesnis, tuo daugiau sluoksnių prie jo prisideda.

Kaip jau sakėme, noras gauti, *avijut*, sudarytas iš penkių pagrindinių stadijų – 0, 1, 2, 3, 4. Dešimt *sfirų*, pasinerdamos į *avijuto* lygius (sluoksnius), sukuria įvairius noro gauti ir noro duoti derinius, arba mišinius. Iš šių derinių susidaro visa, kas egzistuoja: dvasiniai pasauliai, materialūs pasauliai ir tai, kas juose yra.

Mūsų būsenų (noro gauti) variacijos formuoja suvokimo įrankius, vadinamus „kėlim" (žodžio „kli" daugiskaita). Kitaip tariant, kiekviena forma, kiekviena spalva, kvapas, bet kokia mintis – visa, kas egzistuoja, – yra čia todėl, kad manyje glūdi tinkamas *kli*, gebantis tai suvokti.

Kaip mūsų smegenys naudoja abėcėlės raides studijuoti viskam, ką sugeba pasiūlyti šis pasaulis, taip mūsų *kėlim* naudoja dešimt *sfirų* studijuoti viskam, ką siūlo dvasiniai pasauliai. Ir taip pat, kaip studijuodami šį pasaulį paklūstame tam tikroms taisyklėms bei ribojimams, tyrinėdami dvasinius pasaulius turime žinoti taisykles, pagal kurias jie yra suformuoti.

Studijuodami ką nors materialiajame pasaulyje turime laikytis tam tikrų taisyklių. Pavyzdžiui, kad kažkas būtų laikoma tiesa, reikia patikrinti tai bandymu. Jeigu patikrinimas rodo, jog viskas veikia, prielaida manoma esanti teisinga tol, kol kas nors neįrodys (eksperimentu, o ne žodžiais), kad įvyko klaida. Be patikrinimo bandymu viskas telieka hipotezė.

Dvasiniai pasauliai taip pat turi ribojimų, jei tiksliau, jų yra trys. Jei norime pasiekti Kūrimo tikslą ir tapti panašūs į Kūrėją, turime paisyti šių ribojimų.

Trys ribojimai studijuojant kabalą

Pirmasis ribojimas – ką mes suvokiame

Veikale „Pratarmė knygai *Zohar*" kabalistas Jehudis Ašlagas rašo, kad egzistuoja „keturios suvokimo kategorijos – materija, forma, abstrakti forma ir esmė". Kai tyrinėjame dvasinę prigimtį, mūsų užduotis – nuspręsti, kuri iš šių kategorijų teikia patikimą, tikrąją informaciją, o kuri – ne.

„Zohar" aiškina tik dvi pirmąsias kategorijas. Kitaip tariant, kiekvienas knygos žodis yra parašytas arba iš materijos pozicijos, arba iš materijos formos pozicijos ir nė vienas neparašytas iš abstrakčios formos arba iš esmės pozicijos.

Antrasis ribojimas – kur mes suvokiame

Kaip minėjome anksčiau, dvasinių pasaulių substancija vadinama *„Adam Rišon* siela". Taip buvo kuriami dvasiniai pasauliai. Bet mes jau praėjome šių pasaulių sukūrimą ir kylame aukštyn, į aukštesniuosius lygius, nors kartais atrodo visai ne taip.

Mūsų būsena atsirado po to, kai *Adomo* siela suskilo į dalis. „Zohar" moko, kad didžioji dauguma dalių (kad būtume tikslūs, 99 procentai) išsisklaidė po pasaulius *Brija, Jecira* ir *Asija* (*BJA*) ir tik vienas procentas pakilo į pasaulį *Acilut*.

Kadangi *Adomo* siela įeina į *BJA* pasaulių sistemą ir išsklaidyta po šiuos pasaulius ir kadangi mes visi esame tos sielos dalelės, aišku, kad gebame suvokti tik šių pasaulių dalis. Visa, ką laikome atėjus iš aukštesnių nei *BJA* pasaulių, tokių kaip *Acilut* ir *Adam Kadmon*, kad ir ką manytume, yra nepatikima. Tegalime suvokti *Acilut* ir *Adam Kadmon* pasaulių atvaizdus, praėjusius pro *BJA* pasaulių filtrus.

Mūsų pasaulis yra pačiame žemiausiame *BJA* pasaulių lygyje. Faktiškai šis lygis savo prigimtimi visiškai priešingas kitiems dvasiniams pasauliams, todėl mes jų ir nejaučiame. Panašiai kaip du žmonės atsukę viens kitam nugaras ir einantys skirtingomis kryptimis. Ar jie turi šansą kada nors susitikti?

Tačiau išsitaisę mes atrasime, kad jau gyvename *BJA* pasauliuose. Galų gale mes netgi kilsime drauge su jais į *Acilut* ir *Adam Kadmon* pasaulius.

Trečiasis ribojimas – kas suvokia

Nors kiekvieno pasaulio struktūrą ir jame vykstančius įvykius „Zohar" aprašo taip detaliai, tarsi tai būtų tam tikra vieta fiziniame pasaulyje, iš tikrųjų kalbama vien apie sielų išgyvenimus. Kitaip tariant, knygoje perteikiama, kaip kabalistai *suvokia* vieną ar kitą reiškinį, bei parodoma, jog ir mes galime juos patirti. Todėl knygoje „Zohar" skaitydami apie *BJA* pasaulių įvykius, iš tikrųjų sužinome, kaip kabalistas Šimonas Bar Johajus (knygos „Zohar" autorius) suvokė dvasines būsenas ir kaip jo mokinys kabalistas Aba tai aprašė.

Be to, kai kabalistai rašo apie pasaulius, esančius aukščiau *BJA* pasaulių, iš esmės jie rašo ne apie pačius tuos pasaulius, o apie tai, kaip *garsūs autoriai*, būdami *BJA* pasauliuose, juos suvokė. Kadangi kabalistai perteikia savo asmeninius išgyvenimus, šie aprašymai turi panašumų ir skirtumų. Kai kas iš jų pasakojimų susiję su bendrąja pasaulių struktūra, pavyzdžiui, *sfirų* ir pasaulių pavadinimai. Visa kita – asmeninis patyrimas, kurį autoriai įgijo šiuose pasauliuose.

Pavyzdžiui, jeigu pradėsiu pasakoti draugui apie Niujorką, galiu papasakoti apie „Taims" skverą arba apie didžiulius tiltus, jungiančius Manheteną su žemynu. Bet galiu papasakoti ir apie tai, koks pritrenktas jaučiausi vairuodamas automobilį didingu Bruklino tiltu ir ką jutau stovėdamas „Taims" skvero viduryje užlietas akinančių šviesų, spalvų bei garsų, visiškai pasimetęs.

Skirtumas tarp dviejų pavyzdžių tas, kad paskutiniuosiuose perteikiu asmeninius išgyvenimus, o pirmuosiuose kalbu apie įspūdžius, kuriuos Manhetenas padarys kiekvienam jame pabuvojusiam, nors įgytą patirtį visi išgyvens skirtingai.

Būtina atsiminti, kad knygos „Zohar" negalima suvokti kaip pasakojimo apie mistinius atsitikimus arba pasakų rinkinio. „Zohar", kaip ir visas kabalos knygas, reikia naudoti mokymuisi. Tai reiškia, kad knyga padės tik tuo atveju, jeigu ir jūs panorėsite patirti tai, kas joje aprašyta. Antraip ji nieko jums neduos ir jūs jos nesuprasite.

Atminkite: teisingas kabalistinių tekstų supratimas priklauso nuo jūsų ketinimo skaitymo metu, nuo priežasties, dėl kurios juos atsivertėte, o ne nuo intelekto galios. Turinys padarys jums poveikį tik tuo atveju, jei norite pakeisti savo savybes į altruistines, aprašytas tekste.

Kalbėdami apie pirmąjį ribojimą sakėme, kad „Zohar" teikia informaciją iš materijos arba materijos formos pozicijos. Materija – noras gauti, o materijos forma – ketinimas, su kuriuo šis noras gauna: ketina gauti sau arba kitiems. Paprasčiau: materija = noras gauti; forma = ketinimas.

Pasaulio *Acilut* struktūra vaizduoja atidavimo formą. Abstrakčios formos atidavimas yra Kūrėjo savybė ir niekaip nesusijęs su kūriniais, egoistiškais iš prigimties. Tačiau kūriniai (žmonės) *gali* suteikti savo norui gauti atidavimo *formą*, kad noras gauti būtų *panašus į* atidavimą. Kitaip tariant, gaudami mes galime tapti davėjais.

Yra dvi priežastys, kodėl mes negalime tiesiog atiduoti:

- Kad galėtume atiduoti, turi būti kas nors, kuris nori gauti. Tačiau, be mūsų, egzistuoja vien Kūrėjas, kuriam nieko nereikia gauti, nes Jo prigimtis – duoti. Taigi neįmanoma pasirinkti atidavimo.

- Mes neturime nė menkiausio noro atiduoti. Negalime atiduoti, nes esame sukurti iš noro gauti; gavimas – mūsų esmė, mūsų materija.

Paskutinė priežastis sudėtingesnė, nei gali atrodyti iš pirmo žvilgsnio. Kabalistai, rašydami, jog mes norime vien gauti, visiškai neturi galvoje, kad mes temokame gauti, jie teigia, kad toks yra motyvas, skatinantis visus mūsų veiksmus. Suformuluota labai aiškiai: jeigu veiksmas nesuteiks mums malonumo, negalėsime jo atlikti. Svarbu ne tik tai, kad nenorėsime, o tai, kad negalėsime. Kūrėjas (gamta) mus sukūrė suteikęs tik vieną norą – gauti, nes visa, ko Jis nori, yra duoti. Vadinasi, mums nereikia keisti savo veiksmų, tereikia pakeisti už jų slypinčią motyvaciją.

Realybės suvokimas

Yra daug terminų supratimui aprašyti. Giliausią supratimo lygmenį kabalistai vadina „suvokimu". Kadangi jie studijuoja dvasinius pasaulius, jų tikslas – įgyti „dvasinį suvokimą". Suvokimas susijęs su tokiu giliu ir visa apimančiu pajautimo supratimu, kad nebelieka jokių klausimų. Kabalistai rašo, jog žmonijos evoliucijos pabaigoje visi pasieksime Kūrėją, ir tokia būsena vadinama „formų panašumu".

Siekdami tikslo kabalistai stengėsi itin kruopščiai apibrėžti, kuriuos realybės aspektus reikia studijuoti, o kurių ne. Jie laikėsi paprastos taisyklės: jeigu kas nors padeda greitai ir patikimai įgyti žinių, tą reikia studijuoti, jeigu nepadeda, to paisyti nereikia.

Apskritai kabalistai ir konkrečiai „Zohar" ragina mus studijuoti vien tai, ką galime pajusti visiškai aiškiai. Neturime gaišti laiko spėlionėms, juk tada mūsų pasiekimas bus nepatikimas.

Kabalistai taip pat sako, kad iš keturių suvokimo kategorijų – materijos, materijos formos, abstrakčios formos ir esmės – mes gebame patikimai suvokti tik dvi pirmąsias. Dėl šios priežasties visa, apie ką pasakoja „Zohar", yra norai (materija) ir tai, kaip mes juos naudojame: sau arba Kūrėjui (materijos forma).

Kabalistas Jehudis Ašlagas rašo, kad „jeigu skaitytojas nežino, kaip protingai elgtis su ribojimais, ir viską supranta nesiedamas su kontekstu, jis tuoj pat susipainios." Taip gali nutikti, jei neribosime savo tyrinėjimo materija ir materijos forma.

Turime suprasti, kad dvasiniame kelyje nebūna „draudimų". Kai kabalistai vadina ką nors „uždraustu", jie turi galvoje, jog tai neįmanoma. Jų teiginys, kad nereikia studijuoti abstrakčios formos ir esmės, nereiškia, jog žaibas nutrenks visus, kurie tai darys, o reiškia, jog mes nesugebame studijuoti šių kategorijų, kad ir kaip norėtume.

Jehudis Ašlagas elektros pavyzdžiu aiškina, kokia nesuvokiama esmė. Jis sako, kad galima įvairiai naudoti elektrą: gydymui, šaldymui, muzikos kūrinių grojimui, filmų peržiūrai. Elektra gali apsivilkti daugybe formų, bet ar mes gebame išreikšti pačią jos esmę?

Imkime kitą pavyzdį keturių kategorijų (materijos, materijos formos, abstrakčios formos ir esmės) sąvokoms išaiškinti. Vadindami kokį nors žmogų stipriu mes iš tikrųjų turime galvoje jo materiją (kūną) ir apvelkančią jo kūną formą (jėgą).

O jeigu jėgos formą atskirsime nuo materijos (žmogaus kūno) ir studijuosime atskirai, tai ir bus abstrakčios formos tyrinėjimas. Ketvirtoji kategorija – pati žmogaus esmė – visiškai nesuvokiama. Tiesiog neturime juslių, kurios galėtų tyrinėti esmę ir suvokiamu pavidalu ją pavaizduoti. Vadinasi, esmė yra ne tik kažkas, ko nepažįstame dabar, – mums *niekada* nepavyks jos pažinti.

Suklydimo spąstai

Kodėl taip svarbu susitelkti tik į dvi pirmąsias kategorijas? Problema ta, kad dvasingumo atžvilgiu niekuomet nežinai, kada gali suklysti. Pasirinkus neteisingą kryptį, galima nueiti toli nuo tiesos. Materialiajame pasaulyje, kai žinau, ko noriu, galiu patikrinti, ar man pavyksta tai gauti, arba nors nustatyti, ar teisinga kryptimi einu. Su dvasingumu viskas kitaip. Čia suklydus galima netekti ne tik norimo, bet ir pasiekto dvasinio lygio: Šviesa nyksta ir žmogus be mokytojo pagalbos tampa nepajėgus teisingai nustatyti naują kryptį. Štai kodėl taip svarbu suprasti tris ribojimus ir jų laikytis.

Neegzistuojanti realybė

Dabar, kai supratome, ką galima studijuoti, o ko ne, išsiaiškinkime, ką iš tikrųjų tyrinėjame savo juslėmis. Apie kabalistus galima pasakyti, kad jie tyrinėja viską iki smulkiausių detalių. Jehudis Ašlagas, kuris nuodugniai ištyrė realybę ir todėl sugebėjo mums apie ją papasakoti, rašė: „Mes nežinome, **kas** egzistuoja išorėje. Pavyzdžiui, nežinome, kas yra už mūsų ausies ribų, kas verčia reaguoti būgnelį. Težinome mūsų pačių reakciją į išorinį dirgiklį."

Netgi vardai, kuriuos duodame šiems reiškiniams, yra susiję ne su pačiais reiškiniais, o su mūsų reakcijomis į juos. Greičiausiai mes nežinome daugybės dalykų, kurie vyksta pasaulyje. Viso to mūsų juslės gali nepastebėti – juk mes reaguojame vien į reiškinius, kuriuos juntame. Akivaizdu, kad dėl šios priežasties negalime suvokti to, kas yra ne mumyse, esmės, o tegalime tyrinėti savo pačių reakcijas.

Ši suvokimo taisyklė taikytina ne vien dvasiniams pasauliams – toks yra visuotinis gamtos dėsnis. Panašus požiūris į realybę leidžia mums įsisąmoninti: matome visiškai ne tai, kas iš tikrųjų egzistuoja. Toks supratimas itin svarbus siekiant tobulėti dvasiškai.

Tyrinėdami savo realybę, mes pradedame atrasti tai, ko anksčiau nesuvokėme. Vyksmą savo viduje traktuojame taip, tarsi visa tai vyksta išorėje. Mes nežinome tikrojo įvykių, kuriuos išgyvename, šaltinio, bet *jaučiame*, jog jie vyksta išoriniame pasaulyje. Tačiau tikrai šito sužinoti niekada negalėsime.

Kad mūsų santykis su realybe būtų teisingas, neturime manyti, jog visa, ką suvokiame, atspindi „realų" paveikslą. Mes tesuvokiame, kaip įvykiai (formos) veikia mūsų suvokimą (mūsų materiją). Negana to, tai, ką suvokiame, yra ne išorėje egzistuojantis objektyvus vyksmo paveikslas, o mūsų reakcija į tą vyksmą. Negalime net pasakyti, ar mūsų jaučiamos formos yra susijusios (ir jei taip, tai kiek) su abstrakčiomis formomis, su kuriomis jas asocijuojame. Kitais žodžiais tariant, tas faktas, kad raudoną obuolį regime kaip raudoną, visiškai nereiškia, jog jis iš tikrųjų yra raudonas.

Iš tiesų, jeigu paklaustumėte fizikų, jie pasakytų, kad vienintelis galimas teiginys apie raudoną obuolį: jis *nėra* raudonas. Prisiminkite, kaip dirba *masachas* (ekranas): gauna tai, ką geba priimti, idant paskui grąžintų Kūrėjui, o tai, kas lieka, atstumia.

Panašiai objekto spalvą nulemia šviesos bangos, kurių apšviestas objektas negali sugerti. Mes matome ne paties objekto spalvą, o jo *atspindėtą* šviesą. Tikroji objekto spalva – tai šviesa, kurią jis sugėrė, ir kadangi ši šviesa yra sugerta, mūsų rega negali jos pajusti, tad mes negebame jos pamatyti. Būtent todėl raudonas obuolys gali būti bet kokios spalvos, išskyrus raudoną.

Štai kaip Jehudis Ašlagas „Pratarmėje knygai *Zohar*" aprašo mūsų negebėjimą suvokti esmę: „Yra žinoma, jog mes nesugebame įsivaizduoti to, ko negebame pajusti, bet mes nesugebame įsivaizduoti ir to, ko negebame suprasti... Vadinasi, mąstymas visiškai neimlus esmei."

Taigi, kadangi mes negebame protu pagauti esmės, bet kokios esmės, tai ir suvokti jos negalime. Todėl dauguma studijuojančiųjų kabalą, pirmąkart susidūrę su Baal Sulamo „Pratarme", stebisi, kaip mažai mes iš tiesų žinome apie save. Štai ką apie tai rašo Baal Sulamas: „Be kita ko, mes net nežinome savo pačių esmės. Aš jaučiu ir žinau, kad užimu tam tikrą erdvę pasaulyje, kad mano kūnas standus, šiltas, kad mąstau, aš žinau ir kitus panašius savo esmės funkcionavimo pasireiškimus. Bet jeigu manęs paklausite, kokia mano esmė... nežinosiu, ką jums atsakyti."

Matavimo prietaisas

Panagrinėkime savo suvokimo problemą kitu, labiau techniniu kampu. Mūsų juslės yra matavimo prietaisai. Jie matuoja viską, ką junta. Girdėdami garsą mes nustatome, jis garsus ar tylus, matydami objektą galime (paprastai) pasakyti, kokia jo spalva, liesdami daiktą akimirksniu suprantame, šiltas jis ar šaltas, drėgnas ar sausas. Visi matavimo prietaisai dirba vienodai. Įsivaizduokite svarstykles su gulinčiu ant jų vieno kilogramo svoriu. Paprastos svarstyklės turi spyruoklę, išsitempiančią nuo krūvio, ir skalę, matuojančią spyruoklės įtampą. Kai spyruoklė nebesitempia ir sustoja tam tikrame taške, skalės skaičiai nurodo objekto svorį. Iš esmės mes matuojame ne objekto svorį, o balansą tarp spyruoklės ir krūvio (6 pieš.).

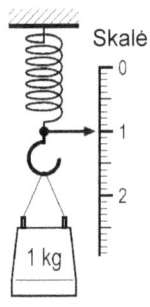

6 pieš.
Skalė matuoja spyruoklės įtampą, o ne patį svorį.

Štai kodėl Jehudis Ašlagas teigia, kad mes negebame suvokti abstrakčios formos, juk niekaip nesame su ja susiję. Jeigu norėdami išmatuoti išorinį poveikį galėsime ant spyruoklės pakabinti objektą, tai gausime tam tikrą rezultatą. O jeigu negalime išmatuoti to, kas vyksta išoriniame pasaulyje, tai tarsi niekas ir nevyksta. Maža to, jeigu matuodami išorinį poveikį naudosime sugedusią spyruoklę, gausime neteisingą rezultatą. Būtent taip ir atsitinka, kai senstame ir mūsų juslės atbunka.

Kalbant dvasiniais terminais, išorinis pasaulis mums teikia tokias abstrakčias formas kaip svoris. Naudodami spyruoklę ir skalę – norą gauti ir ketinimą atiduoti, matuojame, kiek tos abstrakčios formos galime priimti. Jeigu mokėtume sukurti prietaisą, kuris „matuotų" Kūrėją, galėtume Jį pajausti taip pat, kaip jaučiame šį pasaulį. Ką gi, toks prietaisas egzistuoja ir vadinasi „šeštasis pojūtis".

Šeštasis pojūtis

Pradėdami naują skyrelį šiek tiek pafantazuokime: esame tamsioje erdvėje, visiškame vakuume. Nieko nematyti, nė garso negirdėti, nėra kvapų, skonio, nėra nieko, ką galėtume paliesti. Dabar įsivaizduokite: ši būsena tęsiasi taip ilgai, kad užmiršote, jog turėjote tuos pojūčius. Pagaliau jūs pamiršote, kad tokie pojūčiai apskritai egzistuoja.

Staiga atsiranda švelnus kvapas. Jis stiprėja apgaubdamas jus, bet negebate nustatyti, kur jo šaltinis. Vėliau atsklinda įvairūs aromatai – vieni stiprūs, kiti silpni, vieni saldūs, kiti aitrūs. Orientuodamiesi pagal juos galite nustatyti savo kryptį pasaulyje. Įvairūs kvapai atsklinda iš skirtingų vietų ir jūs, sekdami paskui juos, galite pradėti savo kelią.

Vėliau staiga iš visų pusių pasigirsta garsai. Jie įvairūs: vieni panašūs į muziką, kiti – į kalbą, treti – tiesiog į triukšmą. Garsai pripildo šią erdvę naujų orientyrų.

Taip jūs galite matuoti atstumus, nustatyti kryptis, galite atspėti kvapų ir garsų, kuriuos juntate, šaltinius. Jus jau supa ne šiaip sau erdvė, o ištisas garsų ir kvapų pasaulis.

Po kurio laiko darote naują atradimą: kažkas jus liečia. Greitai aptinkate dar daugiau objektų, kuriuos galite paliesti. Kai kurie jų šalti, kiti – šilti, kai kurie – sausi, kiti – drėgni. Vieni – tvirti, antri – minkšti, yra ir tokių, apie kuriuos apskritai negalite pasakyti, kokie jie. Jūs atrandate, kad kai kuriuos iš liečiamų objektų galima įdėti į burną, ir tada pasirodo, jog jie skirtingo skonio.

Dabar jūs jau gyvenate pasaulyje, kur apstu garsų, kvapų, pojūčių ir skonių. Galite liesti savo pasaulio objektus, tyrinėti savo aplinką. Toks yra aklojo iš prigimties pasaulis. Jei būtumėte jo vietoj, ar jaustumėte regos poreikį? Ar žinotumėte, kad jos neturite? Niekada. Tai įmanoma, jeigu buvote regintis, o paskui apakote.

Tas pats tinka ir šeštajam pojūčiui. Mes neprisimename, kad kada nors jį turėjome, nors iki *Adam Rišon*, kurio dalys esame, sudužimo turėjome jį visi.

Šeštasis pojūtis daugiausia veikia taip pat, kaip ir penki fiziniai jutimo organai, vienintelis skirtumas – jis neatsiranda pats, jį reikia ugdyti. Iš esmės pats pavadinimas „šeštasis pojūtis" truputį klaidina, nes mes ugdome ne dar vieną pojūtį, o *ketinimą*.

Ugdydami tokį ketinimą, studijuojame Kūrėjo formas, atidavimo formas, priešingas mūsų egoistiniam būdui. Štai kodėl gamta nesuteikia mums šeštojo pojūčio – jis yra mūsų priešingybė.

Kurdami ketinimą kiekvienam norui patiriame pojūčius, kurie padeda suvokti, kas esame mes, kas yra Kūrėjas, ar norime būti panašūs į Jį. Realus pasirinkimas galimas tik tuo atveju, kai turime dvi galimybes. Todėl Kūrėjas neverčia mūsų tapti panašiais į Jį – altruistais, bet rodo, kas mes ir kas Jis, suteikia galimybę rinktis savanoriškai. O pasirinkę mes tampame tokie, kokie ketiname tapti: panašūs į Kūrėją arba ne.

Kodėl ketinimą duoti vadiname „šeštuoju pojūčiu"? Todėl, kad turėdami tokį pat ketinimą, kaip ir Kūrėjas, tampame panašūs į Jį. Tai reiškia, jog mes ne tik turime tą patį ketinimą, bet ir esame išsiugdę formą, tolygią Jo formai, suvokiame tai, ko nesugebėtume suvokti, jei pasirinktume kitaip. Tarsi pradedame matyti Jo akimis.

Jeigu yra kelias – yra kas juo veda

Priminsime, kad antrajame skyriuje kalbėjome, jog koncepcija *kli* (indas, įrankis) ir *Or* (Šviesa) yra pati svarbiausia kabalos mokslo samprata. Faktiškai iš dviejų komponentų (*kli* ir *Or*) pirmasis mums svarbesnis, nors antrojo įgijimas – realus tikslas.

Pailiustruokime pavyzdžiu. Filme „What the Bleep Do We Know!?" („Kiek mažai mes težinome") daktarė Kendeis Pert aiškina, kad jeigu tam tikra forma neegzistuoja manyje iš pat pradžių, aš negalėsiu pamatyti jos išorėje. Kaip pavyzdį ji pasakoja istoriją apie indėnus, kurie stovėjo ant vandenyno kranto ir žiūrėjo į artėjančius Kolumbo laivus, bei pažymi, kad, anot paplitusio padavimo, indėnai netgi žiūrėdami tiesiai į laivus negalėjo jų matyti.

Daktarė Pert aiškina, kad indėnai negalėjo matyti laivų, kadangi jų sąmonė neturėjo laivo modelio. Tik šamanas, kurį nustebino tarsi iš niekur atsiradęs vandens raibuliavimas, mėgindamas įsivaizduoti jo priežastį, išvydo laivus. Po to jis apibūdino juos savo gentainiams, tada jie irgi sugebėjo pamatyti tą patį, ką ir jis.

Kabalistine kalba sakant, išoriniam objektui atpažinti reikalingas *kli*. Iš esmės *kėlim* (žodžio *kli* daugiskaita) ne šiaip sau atpažįsta išorinę realybę – jie kuria ją! Taigi Kolumbo flotilė egzistavo tik indėnų, kurie ją pamatė ir aprašė, sąmonėje – vidiniuose *kėlim*.

Jeigu miške krinta medis ir nėra nieko, kas tai išgirstų, ar jis skleidžia garsą?
Šį plačiai žinomą dzenbudizmo *koaną* (savotišką mįslę) galima perfrazuoti kabalistiniais terminais: jeigu nėra *kli*, atpažįstančio krintančio medžio garsą, iš kur galime žinoti, kad krisdamas jis apskritai skleidė garsą? Panašiai *koano* žodžiais galėtume paklausti apie Kolumbo atradimą: „Ar egzistavo Amerika, iki Kolumbas ją atrado?"

Neegzistuoja niekas, ką galima pavadinti išoriniu pasauliu. Yra norai – *kėlim*, kurie kuria išorinį pasaulį pagal savo pačių formas. Išorėje egzistuoja tik viena forma – neapčiuopiamas, nesuvokiamas Kūrėjas. Mes formuojame savo pasaulį kurdami savuosius suvokimo įrankius – savo *kėlim*.

Dėl šios priežasties mums nepadės maldos, kad Kūrėjas išvaduotų nuo negandų arba pakeistų mus supantį pasaulį į gerąją pusę. Pasaulis nei geras, nei blogas – jis yra mūsų pačių *kėlim* atspindys. Kai juos pakeisime ir padarysime puikius, pasaulis irgi taps puikus.

Panašiai pelėdai naktis tamsiame miške – geriausio matymo metas. O mums tai gąsdinančio aklumo metas. Mūsų tikrovė tėra mūsų vidinių *kėlim* projekcija. Tai, ką vadiname „realiu pasauliu", – viso labo mūsų vidinio išsitaisymo arba sugedimo atspindys. Gyvename įsivaizduojamame pasaulyje.

Jeigu norime pakilti nuo šio įsivaizduojamo pasaulio iki realaus pasaulio, iki tikrojo suvokimo, turime save perdaryti pagal tikruosius modelius. Į dienos pabaigą visa, ką suvokėme, atitiks mūsų vidinę sandarą, šių modelių kūrimo mūsų viduje būdą. Išorėje nėra nieko, ką būtų galima atrasti, nieko, ką būtų galima atskleisti, išskyrus abstrakčią Šviesą, darančią mums poveikį ir išryškinančią mumyse naujus vaizdus priklausomai nuo mūsų pasirengimo.

Dabar viskas, kas mums lieka, – išsiaiškinti, kur rasti ištaisytus *kėlim*. Ar jie egzistuoja mumyse, ar turime juos sukurti? Jeigu turime juos sukurti, kaip tai padaryti? Tai ir bus kitų skyrelių tema.

Kūrimo Sumanymas

Kėlim – sielos statymo blokai. Norai – statybinės medžiagos, plytos ir medis. Ketinimai – mūsų įrankiai, atsuktuvai, grąžtai ir plaktukai.

Tačiau, kaip ir statant namą, prieš pradedant dirbti būtina susipažinti su brėžiniais. Deja, Kūrėjas, arba Architektas, nelinkęs mums jų duoti. Vietoj to jis siūlo savarankiškai išstudijuoti ir realizuoti generalinį mūsų sielų statymo planą. Tik taip iš tikrųjų galėsime kada nors suprasti Jo Sumanymą ir tapti panašūs į Jį.

Kad sužinotume, kas Jis, turime atidžiai stebėti, ką Jis daro, ir iš Jo veiksmų mokytis atpažinti Jo mintis. Kabalistai labai raiškiai tai formuluoja: „Iš Tavo veiksmų pažįstame Tave."

Mūsų norai – sielos materija – jau egzistuoja. Kūrėjas mums juos davė ir mes tiesiog turime išmokti teisingai tuos norus naudoti bei apvilkti teisingais ketinimais. Tada mūsų sielos bus ištaisytos.

Tačiau, kaip sakėme anksčiau, teisingi ketinimai – altruistiniai ketinimai. Kitaip tariant, mums reikia panorėti naudoti norus kitų, o ne savo pačių labui. Taip elgdamiesi mes iš tiesų padarysime naudos sau, nes visi esame *Adam Rišon* sielos dalelės. Patinka mums ar ne, bet žala, padaryta kitiems, grįžta mums kaip bumerangas nusviedusiam jį metikui ir, beje, grįžta su tokia pačia jėga.

Trumpai pakartokime. Ištaisytas *kli* yra noras, panaudotas turint altruistinius ketinimus. Ir atvirkščiai, neištaisytas *kli* yra noras, panaudotas turint egoistinius ketinimus. Naudodami *kli* altruistiškai mes elgiamės tokiu pačiu būdu, kaip veikia Kūrėjas, ir taip tampame lygūs su Juo, bent šio konkretaus noro atžvilgiu. Taip mes studijuojame Jo Sumanymą.

Taigi vienintelė problema yra ketinimo, su kuriuo naudojame savo norus, pakeitimas. Tačiau, kad tai įvyktų, turime matyti mažiausiai dar vieną norų naudojimo būdą. Mums reikalingas pavyzdys, rodantis, į ką panašūs kiti ketinimai arba kokį pojūtį jie sukelia. Tada bent turėsime galimybę nuspręsti, norime jų ar ne. Jeigu nematome jokio kito savo norų naudojimo būdo, pakliūvame į tų, kuriuos jau turime, spąstus. Tačiau ar tokia būsena leidžia rasti kitus ketinimus? Kas tai – pinklės ar mes kažką praleidome?

Kabalistai aiškina, kad mes nieko nepraleidome. Tai spąstai, bet ne aklavietė. Jeigu eisime savo *rešimot* keliu, kito ketinimo pavyzdys išryškės pats savaime. Dabar panagrinėkime, kas yra *rešimot* ir kaip jie išveda mus iš pinklių.

Rešimot: atgal į ateitį

Apskritai kalbant, *rešimot* – tai prisiminimai, praeities būsenų įrašai. Kiekvienas *rešimo* (žodžio *rešimot* vienaskaita), kurį patiria siela savo dvasiniame kelyje, saugomas tam tikrame „duomenų banke".

Kai pradedame kilti dvasiniais laiptais, šie *rešimot* ir sudaro mūsų kelią. Jie atsiskleidžia vienas paskui kitą ir mes iš naujo juos išgyvename. Kuo greičiau vėl patirsime kiekvieną *rešimo*, tuo greičiau jį išsemsime ir pereisime prie artimiausio kito, kuris visada yra aukštesnėje laiptų pakopoje.

Negalime pakeisti *rešimot* tvarkos. Ji jau nustatyta mūsų nusileidimo metu. Bet mes galime ir turime nuspręsti, ką darysime su kiekvienu jų. Jeigu esame pasyvūs ir tiesiog laukiame, kada jie baigsis, praeis daug laiko, kol iki galo juos išsemsime. Beje, šis procesas gali būti gana skausmingas. Todėl pasyvus elgesys vadinamas „kančių keliu".

Kita vertus, mes galime elgtis aktyviai, mėgindami žiūrėti į kiekvieną *rešimo* kaip į „dar vieną dieną mokykloje", stengiantis suprasti, ko Kūrėjas siekia mus išmokyti. Jeigu tiesiog prisimename, jog mūsų pasaulis yra dvasinių reiškinių padarinys, to pakaks, kad neįtikėtinai pagreitintume *rešimot* keitimąsi. Toks aktyvus požiūris vadinamas „Šviesos keliu", nes įdėtos pastangos susieja mus su Kūrėju, su Šviesa, o ne su mūsų dabartine būsena pasyvaus elgesio atveju.

Faktiškai mūsų pastangos nebūtinai turi būti sėkmingos – pakanka pačios pastangos. Stiprindami savo norus tapti panašiais į Kūrėją (altruistais), mes prisijungiame prie aukštesnių dvasinių būsenų.

Dvasinio tobulėjimo procesas labai panašus į vaikų mokymąsi: jo pagrindas – mėgdžiojimas. Kopijuodami suaugusius vaikai, netgi jei nežino, ką šie daro, savo nuolatiniu mėgdžiojimu sukuria savyje *norą* mokytis.

Atkreipkite dėmesį: esmė ne ta, kad jie mano, jog mokymasis padeda augti, – jie tiesiog *nori žinoti*. Noro žinoti užtenka, kad būtų pažadintas kitas *rešimo* – tas, kuriame jie jau įgiję šį žinojimą.

Pažvelkime į tai kitaip: iš pradžių vaiko noras žinoti kilo ne todėl, kad jis pats taip pasirinko, o todėl, kad atsiskleidęs *rešimo* išsisėmė ir privertė kitą *rešimo* „panorėti", kad jį pažintų. Taigi, kad vaikas atskleistų *rešimo,* šis turi pažadinti vaiko norą sužinoti, kas jame paslėpta.

Būtent taip mus veikia dvasiniai *rešimot*. Iš tikrųjų mes nepažįstame nieko naujo šiame ar dvasiniuose pasauliuose, o tiesiog kopiame atgal į ateitį.

Norėdami, kaip ir Kūrėjas, daugiau atiduoti, turime nuolat tirti save ir stebėti, ar atitinkame to, ką laikome dvasiniu (altruistiniu) etalonu, aprašymą. Tokiu atveju noras tapti didesniais altruistais padės mums išsiugdyti teisingesnį, tikslesnį, palyginti su Kūrėju, savęs paties suvokimą.

Jeigu nenorime pasilikti egoistais, mūsų norai pažadins tuos *rešimot*, kurie mums parodys, ką reiškia būti altruistiškesniems. Kaskart mums nutarus, jog nenorime egoistiškai naudoti vieno ar kito noro, laikoma, kad šios būsenos *rešimo* atliko savo užduotį ir gali išeiti užleisdamas vietą kitam. Tik tokio išsitaisymo iš mūsų ir reikalaujama. Baal Sulamas šį principą perteikė tokiais žodžiais: „…pradėti nekęsti egoizmo jau reiškia jį ištaisyti."

Toliau jis aiškina: „...jeigu du žmonės supras, kad kiekvienas jų nekenčia to paties, ko ir draugas, ir myli tą patį ar tuos pačius, kuriuos myli ir draugas, tarp jų užsimegs nenutrūkstamas amžinas ryšys. Vadinasi, kadangi Kūrėjas mėgsta duoti, tie, kurie žemiau Jo, irgi turi pratintis prie noro vien atiduoti. Bet kartu Kūrėjas nekenčia būti ėmėju, juk jis tobulas ir nieko nestokoja. Taigi ir žmogus turi pradėti nekęsti gavimo sau. Iš viso to išplaukia, kad žmonės turi pajusti deginančią neapykantą norui gauti, nes būtent jis sukelia visas pasaulio bėdas. O su tokia neapykanta galima tą norą ištaisyti."

Taip vien tik savo siekimu mes pažadiname altruistiškesnių norų *rešimot*, jau esančius mumyse nuo tada, kai buvome susijungę *Adam Rišon* sieloje. Šie *rešimot* mus taiso ir daro panašius į Kūrėją. Taigi noras (*kli*) kartu yra ir pokyčių variklis, kaip sakėme pirmajame skyriuje, ir taisymosi priemonė. Mums reikia ne slopinti savo norus, o tiesiog išmokti produktyviai su jais dirbti savo ir kitų labui.

Išvados

Teisingam suvokimui būtina atsižvelgti į tris ribojimus:
1. Yra keturios suvokimo kategorijos: a) materija, b) materijos forma, c) abstrakti forma ir d) esmė. Mes suvokiame tik dvi pirmąsias.
2. Visas suvokimo procesas vyksta mano sieloje. Mano siela – mano pasaulis, o išorinis mano atžvilgiu pasaulis yra toks abstraktus, kad net negaliu būti visiškai tikras, egzistuoja jis ar ne.
3. Tai, ką suvokiu, priklauso vien man: aš negaliu to perteikti dar kam nors. Galiu papasakoti kitiems apie savo išgyvenimus, bet kai jie patirs tą patį, jų išgyvenimai skirsis nuo manųjų.

Ką nors suvokęs, įvertinu ir nustatau, kas tai, o rezultatas priklauso nuo mano vidinių matavimo prietaisų. Jeigu jie ydingi, tokie bus ir mano matavimai, vadinasi, ir pasaulio paveikslas bus iškreiptas bei neužbaigtas.

Dabar mes vertiname pasaulį penkiais jutimo organais, bet teisingam įvertinimui reikia šešių. Būtent todėl mes nesugebame padaryti taip, kad mūsų pasaulio valdymas būtų efektyvus ir smagus visiems.

Iš esmės šeštasis pojūtis yra ne fizinis pojūtis, o ketinimas. Jis susijęs su mūsų norų naudojimu. Naudodami juos su ketinimu atiduoti vietoj gauti, t. y. altruistiškai, o ne egoistiškai, mes suvokiame ištisą naują pasaulį. Būtent todėl

naujas ketinimas vadinamas „šeštuoju pojūčiu".
Apvilkdami savo norus altruistiniu ketinimu, darome juos panašius į Kūrėjo norus. Šis panašumas vadinamas kūrinio ir Kūrėjo „formų panašumu". Įgijęs tą formą jos turėtojas pasiekia tokį patį, kaip ir Kūrėjo, suvokimą bei žinias. Būtent todėl tiktai šeštasis pojūtis (ketinimas atiduoti) leidžia iš tikrųjų sužinoti, kaip elgtis šiame pasaulyje.

Kilęs naujas noras iš esmės nėra naujas – jis jau buvo mumyse, atsiminimas apie jį įrašytas mūsų sielų duomenų banke – *rešimot*. *Rešimot* grandinė veda mus į viršutinę laiptų pakopą – Kūrimo Sumanymą, ir kuo sparčiau kopsime, tuo greičiau ir neskausmingiau pasieksime visa, kas mums skirta.

Tempas, kuriuo vienas paskui kitą atsiranda *rešimot*, priklauso nuo mūsų noro kilti į dvasinį pasaulį, kur yra *rešimot* pradžia. Kai stengiamės iš kiekvieno *rešimo* pasimokyti, jį suprasti, jis greičiau išsisemia ir mes patiriame jo įsisąmoninimo būseną (kuri jau egzistuoja). Kai realizuojame vieną *rešimo*, paeiliui atsiskleidžia kitas, ir taip tęsis tol, kol pagaliau visi *rešimot* bus išsiaiškinti bei išstudijuoti, ir išsitaisymas bus baigtas.

6 skyrius

Siauras kelias, vedantis į laisvę

Galbūt nustebsite, kad jau gana daug žinote apie kabalą. Pakartokime, ką išmokome. Jūs sužinojote, jog kabala atsirado maždaug prieš 5000 metų Mesopotamijoje (dabartinio Irako teritorija). Ji atsiskleidė, kai žmonės pradėjo ieškoti gyvenimo prasmės. Jie atrado, kad užduotis, dėl kurios mes visi gimstame, yra patirti didžiausią malonumą – tapti panašiems į Kūrėją. Tai suvokę žmonės ėmė kurti mokymosi grupes ir skleisti išmintį.

Šie pirmieji kabalistai papasakojo mums, kad visi esame sudaryti iš noro gauti malonumus, turinčio penkis lygmenis – negyvąjį, augalinį, gyvūninį, kalbantįjį ir dvasinį. Noras gauti labai svarbus, nes yra bet kokio veiksmo, atliekamo šiame pasaulyje, skatinamasis motyvas. Kitaip tariant, mes visada stengiamės gauti malonumą, ir kuo daugiau jo turime, tuo daugiau trokštame. Todėl nuolat vystomės ir keičiamės.

Paskui mes sužinojome, kad Kūrimas vyko keturiais etapais: Šaknis (Šviesos ir Kūrėjo sinonimas) sukūrė norą gauti, šis noras panoro atiduoti, po to nusprendė panaudoti gavimą kaip būdą atiduoti ir pagaliau vėl užsigeidė gauti, bet šį kartą – įgyti žinojimą, kaip tapti Kūrėju, Davėju.

Perėjęs šias keturias stadijas, noras gauti pasidalijo į penkis pasaulius ir vieną sielą, vadinamą *Adam Rišon*. Vėliau *Adam Rišon* sudužo ir materializavosi mūsų pasaulyje. Kitaip tariant, iš tikrųjų visi mes esame viena siela, susieti tarpusavyje ir priklausomi vienas nuo kito kaip vieno kūno ląstelės. Tačiau vis didėjant norui gauti mes tapome egocentriški ir netekome susietumo pojūčio. Vietoj jo šiandien jaučiame tik pačius save ir jei ir užmezgame santykius su kitais, tai tik siekdami vienintelio tikslo – per juos patirti malonumą.

Tokia egoistinė būsena vadinama „*Adam Rišon* sielos sudužimu", ir mūsų, kaip šios sielos dalių, užduotis yra ją ištaisyti. Iš esmės mes neprivalome jos taisyti, o turime įsisąmoninti, kad dėl savo dabartinės būsenos negebame pajausti tikrojo malonumo, nes veikia noro gauti dėsnis: įgydamas, ko norėjai, liaujiesi to norėjęs. Kai tai suvoksime, pradėsime ieškoti išeities iš šio dėsnio spąstų – egoizmo pinklių.

Siekis išsivaduoti iš egoizmo pažadina „tašką širdyje" – dvasingumo troškimą. „Taškas širdyje", kaip ir bet koks noras, didėja bei mažėja pagal aplinkos poveikį. Vadinasi, norėdami sustiprinti dvasingumo siekį turime sukurti aplinką, kuri skatins jį ugdyti. Šis paskutinis (bet pats svarbiausias) knygos skyrius papasakos, ką būtina atlikti, kad sukurtume tinkamą aplinką asmeniniame, visuomeniniame ir pasauliniame lygmenyje.

Tamsa prieš aušrą

Nakties tamsa tirštėja prieš aušrą. Panašiai pats tamsiausias metas žmonijos istorijoje (kaip maždaug prieš 2000 metų rašė knygos „Zohar" autoriai) ateis prieš jos dvasinį pabudimą. Kabalistai, pradedant Ari, XVI šimtmetyje gyvenusiu knygos „Gyvybės medis" autoriumi, per amžius teigė, kad metas, kurį mini knyga „Zohar", – XX šimtmečio pabaiga. Tą metą jie vadino „paskutiniąja karta".

Kabalistai neturėjo galvoje minties, kad mes visi būsime sunaikinti kažkokioje didingoje apokalipsės katastrofoje. „Kartos" sąvoka kabaloje nusako dvasinę būseną. Paskutinioji karta – paskutinė, pati aukščiausia, kokia tik gali būti pasiekta, būsena. Taigi kabalistai tvirtino, kad mūsų laikais (XXI šimtmečio pradžioje) atsiras karta, pasirengusi dvasiniam kilimui.

Tačiau jie taip pat teigė, kad mes negalime vystytis kaip anksčiau, jei ateityje norime laimingų pokyčių. Šiandien, norint augti, būtinas sąmoningas, savanoriškas pasirinkimas.

Paskutiniosios kartos, savanoriško pasirinkimo kartos, atsiradimas, kaip ir kiekviena pradžia ar gimimas, nėra lengvas procesas. Iki šių laikų vystėsi žemesni mūsų norai (nuo negyvojo iki kalbančiojo lygmens), nepriklausantys dvasiniam lygmeniui. Tačiau dabar dvasiniai *rešimot* (jei norite, dvasiniai genai) pasireiškia milijonams žmonių, reikalaudami realizacijos realiame gyvenime.

Pirmąkart pasireiškiant šiems *rešimot*, mes dar neturime tinkamo metodo su jais dirbti. Jie panašūs į visiškai naują technologiją, kurią prieš taikydami turime išstudijuoti. Taigi studijuojame vadovaudamiesi senu mąstymu, padėjusiu mums įsisąmoninti žemesnio lygmens norus, tuo pat metu stengdamiesi išsiaiškinti naują metodą. Nenuostabu, kad tai neveikia ir mus apima neviltis.

Kai šie *rešimot* prabunda, žmogus nepasitiki savo jėgomis, puola į depresiją ir taip tęsiasi tol, kol jis supranta, kaip reikia žiūrėti į savo naujus norus. Paprastai tai įvyksta taikant kabalos išmintį, kuri, kaip aprašėme pirmajame skyriuje, iš pat pradžių atsirado tam, kad padėtų dirbti su dvasiniais *rešimot*.

O jeigu žmogus nesugeba rasti sprendimo, jis ima slopinti naujus norus ir gali pasinerti į darbą, įgyti žalingų įpročių arba stengtis kitaip užgožti problemas, bandydamas išvengti būtinybės – mokytis susidoroti su nepagydomu skausmu.

Panaši krizė gali tapti didžiulių asmeninių kančių priežastimi, tačiau ji neatrodo pakankamai rimta problema, galinčia sutrikdyti socialinės struktūros stabilumą. Tačiau vos tik dvasiniai *rešimot* vienu metu išryškėja milijonams žmonių, ypač jei tai atsitinka skirtingose šalyse, – štai jums ir globali krizė. O globali krizė reikalauja globalių sprendimų.

Visiškai aišku, kad šiandien žmonija atsidūrė tokioje situacijoje. Jungtinėse Valstijose depresija pasiekė negirdėtą lygį, o ir kitose išsivysčiusiose šalyse vaizdas ne ką geresnis. 2001 m. Pasaulinė sveikatos organizacija (PSO) pranešė, kad „daugelyje šalių depresija yra pagrindinė nedarbingumo priežastis."

Kita rimta šiuolaikinės visuomenės problema – keliantis susirūpinimą piktnaudžiavimas narkotikais. Narkotikai buvo naudojami visada, bet anksčiau dažniausiai medicinoje ir magijoje, o dabar jie plačiai paplito tarp jaunimo, mėginančio palengvinti jį užvaldantį tuštumos pojūtį. Kadangi depresija stiprėja, didėja ir narkotikų vartojimas, o su juo ir nusikaltimų skaičius.

Dar vienas krizės aspektas – šeimos problemos. Šeimos institutas, visada buvęs stabilumo, šilumos, saugos simboliu, dabar jau nebe toks. Nacionalinio medicininės statistikos centro duomenimis, kas antra sutuoktinių pora skiriasi ir šie skaičiai panašūs visame Vakarų pasaulyje.

Maža to, porų apsisprendimą skirtis nebūtinai lemia sunki krizė, susijusi su konfliktais. Šiandien netgi 50–60 metų amžiaus sutuoktiniai neranda motyvų, kodėl turėtų išsaugoti šeimą, vaikams palikus namus. Turėdami stabilias pajamas, jie nebijo atverti naują gyvenimo puslapį tokiame amžiuje, kuris vos prieš keletą metų buvo laikomas netinkamu panašiems žingsniams. Turime net tokio reiškinio pavadinimą – „ištuštėjusio lizdo sindromas". Tačiau tikroji priežastis ta, kad kai vaikai išeina iš gimtųjų namų, nebelieka nieko, kas galėtų sulaikyti tėvus būti drauge, nes jie tiesiog nemyli vienas kito.

Tikroji tuštuma – meilės nebuvimas. Jeigu prisiminsime, kad egoistais mus sukūrė tam tikra jėga, norėjusi vien duoti, turime šansą įveikti problemą. Bent žinosime, kur pradėti ieškoti sprendimo.

Tačiau dabartinė krizė unikali ne tik tuo, kad apima visą pasaulį, bet ir tuo, kad yra daugialypė, o tai daro ją visapusišką ir sunkiai reguliuojamą. Ši krizė pasireiškia praktiškai kiekvienoje žmonijos veiklos sferoje – asmeninėje, visuomeninėje, tarptautinėje, mokslo, medicinos, taip pat planetos klimate. Pavyzdžiui, dar prieš kelis metus „oro" tema buvo tiesiog išsigelbėjimas žmogui, kuris neturėjo apie ką kalbėti. O šiandien visi turime išmanyti klimato subtilumus. Klimato pasikeitimas, globalus atšilimas, vandens lygio pakilimas jūrose ir naujo uraganų sezono pradžia tapo aktualiomis pokalbių temomis.

„Didysis atodrėkis" – taip planetos būklę ironiškai pavadino Džefris Lynas (Geoffrey Lean) „The Independent" 2005 m. lapkričio 20 d. publikuotame straipsnyje. Straipsnio antraštė: „Didysis atodrėkis: įvyks globali katastrofa, jeigu nutirps ledo kepurės Grenlandijoje". Ir paantraštė: „Dabar mokslininkai sako, kad jos nyksta gerokai sparčiau, nei buvo laukta".

Orai – ne vienintelė nelaimė, pasirodžiusi mūsų akiratyje. 2006 m. birželio 22 d. žurnale „Nature" buvo paskelbtas Kalifornijos universiteto tyrimas, teigiantis, kad San Andreas lūžyje susikaupė įtampa, kurios pakanka kitai didelei katastrofai. Anot profesoriaus Jurijaus Fialko (Yuri Fialko) iš Kalifornijos universiteto „Scripps" okeanografijos instituto, „lūžis kelia didelį seisminį pavojų ir jau pasirengęs duoti akstiną kitam galingam žemės drebėjimui."

Aišku, jeigu mums pavyks pergyventi audras, žemės drebėjimus ir vandens pakilimą jūrose, visada atsiras koks nors vietinis „bin ladenas", kuris primins, jog mūsų gyvenimai gali tapti daug trumpesni, nei planavome.

Ir galiausiai, bet ne mažiau svarbu: egzistuoja žmogaus sveikatos problemos, kurios reikalauja mūsų dėmesio, – AIDS, paukščių gripas, karvių pasiutligė ir, žinoma, „senoji gvardija" – vėžys, širdies bei kraujagyslių ligos ir diabetas. Čia galima išvardyti gerokai daugiau, bet tikriausiai jau suvokėte esmę. Kai kurios iš paminėtų problemų, susijusių su žmogaus sveikata, ne naujos, bet čia minimos todėl, kad plinta po visą Žemės rutulį.

Išvada: senovės kinų patarlė sako: „Norėdamas ką nors prakeikti tark: Linkiu tau gyventi permainų laikais." Mūsų laikai iš tiesų tokie, bet jie nėra prakeiksmas, o, kaip žadama knygoje „Zohar", – tamsa prieš aušrą. Dabar pažiūrėkime, ar galima įveikti šią problemą.

Šaunus pasaulis už keturių žingsnių

Tereikia keturių žingsnių, kad pakeistume pasaulį:
1. Pripažinti esant krizę.
2. Išsiaiškinti jos priežastis.
3. Nustatyti patį geriausią jos įveikimo būdą.
4. Parengti jos pašalinimo planą.

1. Pripažinti esant krizę

Dėl keleto priežasčių daugelis iki šiol neįtaria, jog yra krizė. Vyriausybės ir tarptautinės korporacijos pirmosios turėtų rimtai imtis reikalo, bet interesų konfliktas trukdo jiems susijungti, kad sėkmingai susidorotų su krize. Be to, dauguma mūsų iki šiol nejaučia, jog susiklosčiusi situacija gresia kiekvienam asmeniškai, todėl mes ignoruojame primygtinę būtinybę joje susivokti, kol krizė nenuėjo per toli.

Tačiau pati didžiausia problema ta, kad mes neišsaugojome prisiminimų apie pavojingas situacijas, išgyventas praeityje. Todėl nesugebame teisingai įvertinti dabartinės situacijos. Negalima sakyti, jog anksčiau nebuvo katastrofų, bet mūsų laikai unikalūs tuo, kad šiandien jos nutinka visomis kryptimis, visiškai netikėtai – kiekvienu žmonių gyvenimo aspektu ir visame Žemės rutulyje.

2. Surasti krizės priežastis

Krizė kyla, kai susiduria du elementai ir nugalėtojas primeta savo taisykles pralaimėjusiam. Žmogaus prigimtis, arba egoizmas, aiškiai rodo savo priešingumą Gamtai, arba altruizmui. Dėl šios priežasties daugelis žmonių jaučiasi nusiminę, prislėgti, nesaugūs ir nusivylę. Trumpai tariant, iš tikrųjų krizė vyksta ne išorėje. Netgi jei ji akivaizdžiai apima visą fizinę erdvę, – ji yra mūsų viduje. Krizė – titaniška gėrio (altruizmo) ir blogio (egoizmo) kova. Nelinksma, kad turime vaidinti „blogus vyrukus" tikrame realybės šou. Tačiau nepraraskite vilties: kaip ir kiekviename spektaklyje mūsų laukia laiminga pabaiga.

3. Nustatyti patį geriausią krizės įveikimo būdą

Kuo tiksliau suvoksime paslėptą krizės priežastį, būtent savąjį egoizmą, tuo geriau suprasime, ką reikia pakeisti savyje ir savo visuomenėje. Tai padarę pajėgsime susilpninti krizę ir rasti teigiamą, konstruktyvų socialinių bei ekologinių problemų sprendimą. Nagrinėdami pasirinkimo laisvės temą, apie tuos pakeitimus pakalbėsime detaliau.

4. Parengti krizės pašalinimo planą

Užbaigę tris pirmuosius plano etapus, galime aprašyti jį detaliau. Tačiau netgi pats geriausias projektas nepasiseks be aktyvios žymių, tautų pripažintų organizacijų pagalbos. Taigi planą plačiu tarptautiniu mastu turi paremti mokslininkai, mąstytojai, politikai, Jungtinės Tautos, taip pat žiniasklaida bei visuomeniniai susivienijimai.

Iš esmės, kadangi kylame nuo vieno norų lygmens į kitą, visa, kas atsitinka dabar, pirmąkart įvyksta dvasiniame norų lygmenyje. Jeigu atminsime, kad esame dvasiniame lygmenyje, galėsime panaudoti tų, kurie jau užmezgė ryšį su dvasiniu pasauliu, žinias, kaip kad šiandien naudojame mums prieinamas mokslines žinias.

Kabalistai, jau pasiekę dvasinius pasaulius – mūsų pasaulio ištakas, mato *rešimot* (dvasines šaknis), sukeliančius jo dabartinę būseną, ir gali nurodyti išeitį iš problemų, su kuriomis susiduriame. Taip mes lengvai ir greitai susitvarkysime su krize, kadangi žinosime, kodėl viskas taip vyksta ir kaip galima įveikti negatyvias situacijas. Pagalvokite: jei žinotumėte, kad yra žmonių, galinčių nuspėti rytdienos loterijos rezultatus, argi lošdami nenorėtumėte atsidurti šalia jų?

Čia nėra jokios magijos – vien tik dvasinio pasaulio žaidimo taisyklių žinojimas. Jeigu pažvelgtumėte į susidariusią situaciją kabalisto akimis, pamatytumėte, kad nėra jokios krizės, tiesiog mes šiek tiek praradę orientaciją ir todėl statome ant neteisingų skaičių. Kai atrasime reikiamą kryptį, pasirodys, jog (nesamą) krizę nesunku įveikti. Kaip ir išlošti loterijoje. Kabalistinės žinios puikios tuo, kad joms negalioja autorinės teisės – jos priklauso visiems.

Pažink savo galimybių ribas

> *Dieve, duok man jėgų savo gyvenime pakeisti tai, ką galiu pakeisti, duok man drąsos priimti tai, kas ne mano valioje pakeisti, ir duok man išminties atskirti vieną nuo kito.*
>
> Senovinė malda

Mūsų požiūriu, esame unikalios ir savarankiškai veikiančios asmenybės. Toks yra įprastas supratimas. Įsivaizduokite, kiek šimtmečių žmonija kovojo, kad pagaliau įgytų ribotą asmens laisvę, kurią turime šiandien.

Tačiau mes ne vieninteliai, kurie kenčia netekę laisvės. Nė viena būtybė nepasiduoda į nelaisvę be kovos. Priešinimasis bet kokiai pajungimo formai – įgimta, natūrali savybė.

Vis dėlto netgi pripažindami, jog visos būtybės turi teisę į laisvę, mes nesuprantame realios laisvės reikšmės arba nematome ryšio tarp jos ir žmonijos egoizmo taisymo proceso.

Jeigu sąžiningai savęs paklausime, kokia laisvės prasmė, veikiausiai iš mūsų dabartinio supratimo apie ją liks labai nedaug. Todėl prieš kalbėdami apie laisvę, turime sužinoti, ką reiškia būti laisvam.

Norėdami pasitikrinti, ar suprantame laisvės prasmę, pažvelkime į save ir pamąstykime, ar sugebame laisva valia atlikti bent vieną veiksmą. Nuolat didėjantis noras gauti mus stumia ieškoti geresnio ir malonesnio gyvenimo, tačiau besisukdami tame užburtame rate, netenkame galimybės rinktis.

Kita vertus, jeigu noras gauti yra visų nelaimių priežastis, galbūt yra būdas jį kontroliuoti? Jei sugebėtume tai padaryti, galbūt pavyktų kontroliuoti ir visą procesą? Antraip, nesant tokios kontrolės, atrodo, žaidimas bus praloštas net neprasidėjęs.

Tačiau, jeigu mes pralošime, kas išloš? Su kuo mes varžomės? Tvarkome savo reikalus, tarsi išoriniai įvykiai priklausytų nuo mūsų sprendimų. Ar taip yra iš tikrųjų? Ar ne geriau liautis bandyti keisti savo gyvenimą ir tiesiog plaukti pasroviui?

Viena vertus, ką tik minėjome, kad visi gamtos objektai priešinasi bet kokiam pajungimui. Kita vertus, gamta mums neatskleidžia, kada veikiame savarankiškai (jei tai iš viso įmanoma), o kada nematomas Lėlininkas sukuria mums laisvės iliuziją.

Maža to, jeigu gamta gyvena pagal Bendrą Sumanymą, ar šie klausimai ir neapibrėžtumas nėra jo dalis? Galbūt egzistuoja paslėpta priežastis, dėl kurios mes turime jaustis pasimetę ir sumišę. Galbūt sąmyšis ir nusivylimas – Lėlininko būdas pasakyti mums: „Ei, pažvelkite atidžiau, kur jūs visi einate, juk jeigu ieškote Manęs, tai žengiate ne ta kryptimi."

Nedaugelis ims neigti, jog mes iš tiesų praradę orientaciją. Tačiau, kad nustatytume savo kryptį, būtina žinoti, į kurią pusę žvelgti. Tai padės sutaupyti metus bergždžių pastangų. Pirmas dalykas, kurį pageidautina atrasti: kur mes galime laisvai ir savarankiškai pasirinkti, o kur ne. Tai įsisąmoninę suprasime, į ką reikia sutelkti pastangas.

Gyvenimo „vadelės"

Gamtoje veikia vienas dėsnis – malonumo ir kančios dėsnis. Jeigu vienintelė kūrinio materija yra noras gauti malonumus, tai Gamtai reikės tik vienos valdymo taisyklės: traukos prie malonumo ir bėgimo nuo kančios. Žmonės nėra išimtis iš taisyklės. Elgiamės pagal iš anksto parengtą schemą, kuri galutinai nulemia kiekvieną mūsų žingsnį: norime mažiau dirbti ir daugiau gauti. Ir jei įmanoma, viską gauti veltui! Todėl, kad ir ką darytume, netgi nesąmoningai, visada stengiamės pasirinkti malonumą ir išvengti kančios.

Netgi jei mums atrodo, neva aukojamės, iš tikrųjų šis aukojimasis tuo momentu teikia mums daug didesnį malonumą nei bet koks kitas pasirinkimas. Priežastis, kodėl apgaudinėjame save manydami, jog vadovaujamės altruistiniais motyvais, yra ta, kad mums maloniau apgaudinėti save nei pripažinti tiesą. Kaip kadaise pasakė Agnes Replie: „Joks nuogumas nesukelia tokio protesto kaip apnuoginta tiesa."

Trečiajame skyriuje sakėme, jog antroji stadija atiduoda, netgi jei ją skatina tas pats noras gauti, kaip ir pirmojoje stadijoje. Ką gi, čia ir slypi visų mūsų „altruistinių" veiksmų, kai siekiame vienas kitam „atiduoti", šaknis.

Matome, kad visi mūsų veiksmai grindžiami „pelno siekimu". Pavyzdžiui, palyginu pirkinio kainą su galima nauda jį įsigijus. Jeigu manau, kad įsigijus daiktą malonumas (arba kančios nebuvimas) viršys kainą, kurią teks sumokėti, liepiu savo vidiniam agentui: „Pirk! Pirk! Pirk!" Galime pakeisti prioritetus, prisitaikyti prie kitokio gėrio ir blogio supratimo ir netgi „ištreniruoti" narsą. Maža to, galime taip sureikšminti tikslą, kad visi sunkumai jo siekiant atrodys menki ir nerimti.

Pavyzdžiui, jeigu mane domina visuomeninis statusas ir geros pajamos, susijusios su žymaus gydytojo veikla, keletą metų stengsiuos, atkakliai studijuosiu medicinos institute, dar kelerius metus neišsimiegodamas kentėsiu internatūroje tikėdamasis išgarsėjimo bei turtų ateityje.

Kartais sumokėti kančia dabartyje už sėkmę ateityje atrodo taip natūralu, kad nė nepastebime, kai tai darome. Pavyzdžiui, jeigu sunkiai susirgęs sužinau, jog chirurginė operacija gali išgelbėti man gyvybę, su džiaugsmu sutiksiu operuotis. Netgi jei pati operacija gali atrodyti gana nemaloni ir rizikinga, ji ne tokia pavojinga kaip liga. Kai kada žmonės net pasirengę sumokėti nemažus pinigus, kad pereitų tokį sunkų išbandymą.

Pakeisti save keičiant visuomenę

Gamta ne tik „nuteisė" mus nuolat bėgti nuo kančių ir be perstojo vaikytis malonumų, bet ir atėmė gebėjimą spręsti, kokių malonumų norime. Kitaip tariant, mes negalime kontroliuoti savo norų ir jie kyla neperspėdami, neklausdami mūsų nuomonės.

Gamta, sukūrusi mūsų norus, kartu suteikė mums ir būdą juos kontroliuoti. Jeigu prisiminsime, kad esame vienos *Adam Rišon* sielos dalelės, nesunkiai pamatysime: savo pačių norus galima kontroliuoti veikiant visą sielą, t. y. visą žmoniją arba bent jos dalį.

Pažvelkime taip: jeigu viena ląstelė nori eiti į kairę, o visas kūnas į dešinę, ląstelei irgi teks eiti į dešinę. Nebent jai pavyktų įtikinti visą kūną arba didžiąją daugumą ląstelių, arba kūno „vyriausybę", kad geriau nueiti į kairę.

Taigi, nors mes negalime kontroliuoti savo norų, juos kontroliuoti gali visuomenė ir ji tai daro. O kadangi mes pajėgūs kontroliuoti savąjį visuomenės pasirinkimą, tai galime pasirinkti tokią visuomenę, kuri, mūsų supratimu, paveiks mus geriausiai. Paprasčiau kalbant, visuomenės įtaką galima panaudoti savo norams patikrinti. Kontroliuodami norus, kontroliuosime savo mintis ir pagaliau veiksmus.

Svarbų aplinkos vaidmenį knyga „Zohar" aprašė jau maždaug prieš du tūkstančius metų. Bet nuo XX amžiaus, kai tapo aišku, jog išgyvenimo požiūriu priklausome vienas nuo kito, mūsų nesavarankiškumo panaudojimas įgijo gyvybinę reikšmę dvasiniam progresui. Visuomenės svarba yra ypatinga – tai žinia, kurią kabalistas Jehudis Ašlagas stengiasi atskleisti daugelyje savo straipsnių, ir jeigu įsigilinsime į jo mintis, suprasime, kodėl taip yra.

Jehudis Ašlagas sako, kad didžiausias kiekvieno noras, nesvarbu, pripažįsta jis tai ar ne, – būti kitų mėgiamam ir pelnyti jų palankumą. Tai ne tik suteikia mums pasitikėjimo savimi, bet ir stiprina patį brangiausią mūsų turtą – mūsų ego. Kuomet visuomenė nėra mums palanki, jaučiamės, tarsi ji neigtų patį mūsų egzistavimą, o tai yra nepakenčiama bet kokiam ego. Štai kodėl žmonės dažnai puola į kraštutinumus, kad pelnytų aplinkinių dėmesį.

Kadangi didžiausias mūsų noras – įgyti visuomenės palankumą, esame priversti taikytis prie savosios aplinkos įstatymų (ir jais vadovautis). Šie įstatymai nulemia ne tik mūsų elgesį, bet ir galvoseną, požiūrį į viską, ką darome, apie ką mąstome.

Ši situacija daro mus nepajėgius ką nors rinktis – nuo gyvenimo būdo iki interesų, laisvalaikio leidimo ir net maisto, kurį valgome, bei rūbų, kuriuos vilkime. Negana to, netgi pasirinkdami rengtis priešingai, nei diktuoja mada, arba jos nepaisydami, mes stengiamės pademonstruoti abejingumą tam tikroms socialinėms taisyklėms, kurias panorome ignoruoti. Kitaip tariant, jeigu nebūtų mados, kurios pasirinkome nepaisyti, mums nereikėtų to daryti ir tada tikriausiai pasirinktume kitą drabužių stilių. Galiausiai vienintelis kelias pasikeisti patiems – pakeisti socialines mūsų visuomenės normas.

Keturi faktoriai

Jeigu mes – ne daugiau nei supančios aplinkos produktas ir jeigu realiai mūsų poelgiai bei mintys nėra laisvi, ar galime atsakyti už savo veiksmus? Ir jeigu ne mes už juos atsakingi, tai kas?

Kad atsakytume į šiuos klausimus, pirma būtina suprasti keturis mus formuojančius faktorius ir kaip turime su jais dirbti, idant įgytume pasirinkimo laisvę. Kabala teigia, jog mus veikia keturi faktoriai:

1. „pagrindas", taip pat vadinamas „pirminė materija";
2. nekintančios pagrindo savybės;
3. savybės, kintančios dėl išorinių jėgų poveikio;
4. išorinės aplinkos pokyčiai.

Pažiūrėkime, kokią reikšmę kiekvienas jų turi mums.

1. Pagrindas, pirminė materija

Mūsų nekintanti esmė vadinama „pagrindu". Galiu būti laimingas arba liūdnas, susimąstęs, piktas, užsisklendęs arba komunikabilus. Tačiau, kad ir kokios nuotaikos, kad ir kokioje visuomenėje būčiau, manojo „aš" pagrindas niekada nesikeičia.

Kad suprastume keturių fazių būsenos idėją, įsivaizduokime augalų augimą ir vytimą. Imkime, pavyzdžiui, kviečius. Nors pūdamas žemėje kviečio grūdas visiškai praranda

Siauras kelias, vedantis į laisvę 137

savo formą, iš jo gali išaugti tik naujas kviečio daigas ir niekas kitas. Taip yra todėl, kad pagrindas lieka nepakitęs, grūdas visada išsaugo kviečio esmę.

2. Nekintančios pagrindo savybės

Kaip pagrindas lieka nepakitęs ir kviečio grūdas visada pagimdo naują kviečio grūdą, taip ir kviečių vystymosi būdas nesikeičia. Iš vienos atžalos naujame gyvenimo cikle gali atsirasti kelios į ją panašios, naujų atžalų kiekis ir kokybė gali kisti, bet pats jų pagrindas, pradinės kviečio formos esmė liks nepakitusi. Paprasčiau kalbant, joks kitas augalas negali išaugti iš kviečio grūdo, išskyrus kvietį, ir visi šios šeimos augalai visada vystysis pagal vieną principą – nuo akimirkos, kai iš grūdo atsiranda atžala, iki tol, kol augalas nuvysta.

Taip pat ir žmonių vaikų raidos seka yra vienoda, todėl mes žinome (daugiau ar mažiau), kada turi pradėti reikštis tam tikri kūdikio gabumai, kada jis gali pradėti valgyti vieną ar kitą maistą. Be tokio aiškaus modelio negalėtume nubrėžti žmogaus raidos diagramos. Tai teisinga ir bet kokiam kitam objektui.

3. Savybės, kintančios dėl išorinių jėgų poveikio

Nors grūdas lieka vis to paties augalo grūdu, jo požymiai gali keistis priklausomai nuo supančios aplinkos poveikio, pavyzdžiui, apšvietimo, dirvos sudėties, trąšų, drėgmės... Vadinasi, kviečiams liekant kviečiais, jų „įpakavimas", esmės savybės, gali būti modifikuotos išorinių faktorių poveikio.

Taip mūsų nuotaika keičiasi kitų žmonių kompanijoje arba įvairiose situacijose, tuo tarpu mes patys (mūsų pagrindas) liekame kokie buvę. Kartais ilgalaikis supančios aplinkos poveikis gali pakeisti ne tik nuotaiką, bet ir charakterį. Tokias naujas savybes sukuria ne aplinka, o tiesiog buvimas tam tikro tipo žmonių visuomenėje aktyvina ir atitinkamas mūsų prigimties puses.

4. Išorinės aplinkos pokyčiai

Supanti aplinka, veikianti grūdą, savo ruožtu yra veikiama išorinių faktorių, tokių kaip klimatas, oro kokybė ir kitų augalų kaimynystė. Štai kodėl žmonės sodina augalus šiltnamiuose ir dirbtinai tręšia žemę stengdamiesi sukurti geriausią aplinką jų augimui.

Žmonių visuomenėje mes nuolat keičiame savo aplinką: reklamuojame naujus produktus, renkame vyriausybes, lankome įvairiausias mokymo įstaigas, leidžiame laiką su draugais. Vadinasi, norėdami kontroliuoti savo pačių augimą, turime išmokti kontroliuoti žmonių, su kuriais leidžiame laiką, grupes ir, svarbiausia, tų žmonių, kuriuos gerbiame. Būtent jie daro mums didžiausią įtaką.

Jeigu siekiame išsitaisyti – tapti altruistais, turime žinoti, kokios socialinės permainos tai skatina, ir jas įvykdyti. Pasitelkdami šį paskutinį faktorių – išorinės aplinkos pokyčius – formuojame savo esmę, keičiame savo pagrindo savybes, vadinasi, nulemiame savo likimą.

Teisingos taisymosi aplinkos pasirinkimas

Netgi negalėdami rinktis savo pagrindo savybių, vis dėlto pasirinkdami konkrečią socialinę terpę mes gebame veikti savo gyvenimą ir likimą. Kitaip tariant, kadangi aplinka daro įtaką pagrindo savybėms, galime nulemti savo ateitį kurdami aplinką, kuri pagelbės siekiant užsibrėžtų tikslų.

Pasirinkęs savąją kryptį ir sukūręs aplinką, kuri skatins mane eiti į tikslą, galiu panaudoti visuomenę savo tobulėjimui skatinti. Jeigu, pavyzdžiui, noriu pinigų, turiu suburti aplink save žmones, kurie jų siekia, apie juos kalba ir atkakliai dirba, kad juos gautų. Visa tai įkvėps mane taip pat atkakliai dirbti ir nukreips mano mintis į finansinės sėkmės siekimo sferą.

Dar vienas pavyzdys. Jeigu kenčiu nuo pernelyg didelio svorio ir noriu suliesėti, paprasčiausias būdas tai pasiekti – atsidurti tarp žmonių, kurie apie tai galvoja, kalba ir įkvėpia vieni kitus numesti svorį. Iš tiesų aš galiu padaryti net dar daugiau, nei apsupti save žmonėmis, kurie sukurtų reikiamą aplinką: knygos, filmai, straipsniai žurnaluose padės sustiprinti tos aplinkos įtaką. Tinka bet kokios priemonės, stiprinančios ir remiančios mano norą numesti svorį.

Tokios yra aplinkos taisyklės. Anoniminių alkoholikų ir narkomanų bendruomenės, „Weight watchers" (svorio stebėtojų) klubai – visi jie naudoja aplinkos jėgas, siekdami padėti žmonėms, kurie negali padėti patys sau. Teisingai panaudojant savo aplinką, galima pasiekti dalykų, apie kuriuos nė nedrįsome svajoti. Ir kas visų geriausia: mes net nepajusime dedantys kažkokias pastangas.

Vienos veislės paukščiai

 Penktajame skyriuje kalbėjome apie „formų panašumo" principą. Tas pats principas taikomas ir čia, tik fiziniame lygmenyje. Panašūs žmonės drauge gerai jaučiasi, nes jų norai ir mintys vienodi. Kaip žinome, vienos rūšies paukščiai telkiasi į būrius. Bet galima padaryti ir atvirkščiai. Pasirinkdami savo „būrį" galime nulemti, kokiais „paukščiais" galų gale tapsime.

Dvasingumo siekis ne išimtis. Jeigu trokštu įgyti dvasingumą ir tą troškimą noriu sustiprinti, man tereikia turėti aplink save tinkamų draugų, knygų ir filmų. Visa kita padarys žmogaus prigimtis. Jeigu žmonių grupė nusprendžia supanašėti su Kūrėju, niekas negali jiems sutrukdyti, netgi pats Kūrėjas. Kabalistai tai vadina „nugalėjo Mane Mano sūnūs".

Tačiau kodėl mes nematome, kad būtų vaikomasi dvasingumo? Ką gi, čia yra nedidelė kliūtis: negali pajausti dvasingumo, kol jo neįgyji. Problema ta, kad nematant ir nejaučiant tikslo, labai sunku tikrai jo norėti, o mes jau žinome, kaip nelengva ką nors pasiekti be didžiulio noro.

Pagalvokite: visi mūsų siekiai šiame pasaulyje atsiranda kaip tam tikro išorinio poveikio rezultatas. Jeigu aš mėgstu picą, tai tik todėl, kad draugai, tėvai, televizija kalbėjo, kokia ji gera. Jeigu noriu tapti juristu, tai tik todėl, kad visuomenėje ši profesija laikoma prestižine ir gerai apmokama.

Siauras kelias, vedantis į laisvę 141

Tačiau argi visuomenėje atsiras kas nors, kuris papasakos man, kaip puiku tapti panašiam į Kūrėją? Be to, jeigu toks noras nebūdingas visuomenei, iš kur jis kils man? Ar jis gali kilti iš niekur? Ne, iš niekur jis negali kilti, jis kyla iš *rešimot*. Tai atmintis apie ateitį. Leiskite paaiškinti. Dar ketvirtajame skyriuje kalbėjome, kad *rešimot* yra įrašai, prisiminimai, užsifiksavę mumyse, kai buvome aukštesnėse dvasinių laiptų pakopose. Šie *rešimot* glūdi pasąmonėje ir iškyla į paviršių vienas paskui kitą, pažadindami vis naujus arba stipresnius, palyginti su ankstesniais, norus. Maža to, kadangi visi kitados buvome aukštesnėse dvasinių laiptų pakopose, noras grįžti į tas dvasines būsenas pabus kiekvienam, kai ateis jo laikas jas patirti, – dvasiniame norų lygmenyje.

Todėl nereikia klausti: „Kaip galėjo atsitikti, kad noriu to, ko man neįdiegė mano aplinka?" Klausimas turėtų būti toks: „Kadangi turiu šį norą, kaip man naudingiausia jį panaudoti?" O atsakymas paprastas: elkitės su juo taip pat, kaip elgtumėtės su bet kuriuo kitu savo siekių objektu, – galvokite, kalbėkite, skaitykite, dainuokite apie jį. Darykite viską, kas įmanoma, kad padidintumėte jo vertę, ir jūsų pažanga proporcingai spartės.

Knygoje „Zohar" pasakojama įkvėpianti (ir tikra) istorija apie išminčių, vardu Josi ben Kisma – didžiausią tų laikų kabalistą. Kartą prie jo priėjo iš kito miesto atvykęs turtingas pirklys ir pasiūlė persikelti į jo miestą bei atidaryti dvasinę mokyklą vietiniams išminties ieškotojams. Pirklys paaiškino, kad jo mieste nėra išminčių, o jų labai reikia. Neverta ir sakyti, kad jis pažadėjo dosniai pasirūpinti asmeniniais bei susijusiais su mokykla kabalisto poreikiais.

Didžiai turtuolio nuostabai, Josi ben Kisma griežtai atsisakė, pareiškęs, kad jokiomis aplinkybėmis nepersikels į vietą, kur nėra kitų išminčių. Suglumęs pirklys bandė prieštarauti ir iškėlė argumentą, jog Josi ben Kisma – didžiausias savo kartos išminčius, kuriam nereikia iš nieko mokytis.

„Be kita ko, – sakė pirklys, – persikeldamas į mūsų miestą ir mokydamas jame gyvenančius žmones jūs kilniai dvasiškai tarnausite: juk čia jau yra daugybė išminčių, o pas mus nėra nė vieno. Jūs įnešite svarbų indėlį į visos dabartinės kartos dvasingumą. Galbūt didis mokytojas bent pasvarstys mano siūlymą?"

Josi ben Kisma tvirtai atsakė: „Netgi išmintingiausias išminčius greitai neteks išminties gyvendamas tarp tamsuolių." Esmė ne ta, kad jis nenorėjo padėti pirklio miesto gyventojams, išminčius tiesiog žinojo, jog neturėdamas tinkamos aplinkos jis praras dvigubai – negalės išmokyti savo mokinių ir neteks savojo dvasinio lygio.

Jokių anarchistų

Iš ankstesnio skyrelio jums galėjo kilti mintis, kad kabalistai – tai anarchistai, trokštantys pažeisti visuomeninę tvarką ragindami sukurti dvasiškai orientuotas bendruomenes. Nėra nieko labiau nutolusio nuo tiesos.

Jehudis Ašlagas nedviprasmiškai aiškina – ir tai patvirtins bet koks sociologas bei antropologas – kad žmonės yra visuomeniniai padarai. Kitaip tariant, mes neturime kito pasirinkimo, tik gyventi visuomenėje, kadangi esame bendrosios sielos dalelės. Iš to išplaukia, kad privalome paklusti visuomenės, kurioje gyvename, įstatymams ir rūpintis jos gerove. Vienintelis būdas pasiekti šį tikslą – griežtai laikytis visuomenės taisyklių.

Tačiau kartu Baal Sulamas tvirtina, kad bet kokioje situacijoje, kuri nėra su visuomene susijusi, visuomenė neturi jokių teisių ar pateisinamų priežasčių riboti asmens laisvę. Baal Sulamas siekia taip toli, kad tuos, kurie tai daro, vadina nusikaltėliais ir pareiškia, jog gamta neįpareigoja žmogaus paklusti daugumos valiai dvasinio tobulėjimo klausimais. Priešingai, dvasinis augimas yra visų ir kiekvieno mūsų asmeninė pareiga. Vystydamiesi mes geriname ne tik savo, bet ir viso pasaulio gyvenimą.

Labai svarbu suprasti skirtumą tarp įsipareigojimų visuomenei, kurioje gyvename, ir atsakomybės už savo dvasinį augimą. Žinodami, kur nubrėžti liniją ir kaip pagelbėti vienam ir kitam, atsikratysime daugybės nesusipratimų bei klaidingo dvasingumo įsivaizdavimo. Gyvenimo taisyklės turi būti paprastos ir aiškios: kasdieniame gyvenime paklūstame įstatymo nustatytoms normoms, o dvasiniame – laisvi vystytis individualiai. Pasirodo, asmeninę laisvę galima pasiekti tiktai pasirinkus dvasinio tobulėjimo, į kurį neturi kištis kiti žmonės, kelią.

Egoizmo mirtis neišvengiama

*Laisvės meilė – meilė žmonėms,
valdžios meilė – savimyla.*

Viljamas Hazlitas (1778-1830)

Trumpam nukrypkime į Kūrimo pagrindus. Vienintelis Kūrėjo kūrinys – mūsų noras gauti, egoizmas. Tokia mūsų esmė. Išmokę „dezaktyvuoti" savo egoizmą, mes atkursime ryšį su Kūrėju, nes tik savimyla trukdo mums vėl įgyti formą, ekvivalentišką Jo formai, egzistuojančiai dvasiniuose pasauliuose. Egoizmo pašalinimas – mūsų kilimo dvasiniais laiptais pradžia, taisymosi proceso pradžia.

Gamtos ironija: žmonės, pataikaujantys savo egoistinėms aistroms, negali būti laimingi. Tam yra dvi priežastys: 1) kaip jau aiškinome, egoizmas yra „spąstai": gavęs, ko norėjai, liaujiesi to norėjęs; 2) egoistinis noras ne tik skatina asmeninių žmogaus užgaidų tenkinimą, bet ir sukelia kitų žmonių nepasitenkinimą.

Kad geriau suprastume antrąją priežastį, turime grįžti prie pagrindų. Pirmoji iš keturių Šviesos plitimo stadijų nori vien gauti malonumus. Antroji stadija jau sudėtingesnė ir nori gauti malonumą duodant, nes davimas yra Kūrėjo būsena. Jeigu žmogaus vystymasis sustojo pirmojoje stadijoje, jis patirs pasitenkinimą tą pačią akimirką, kai tik išsipildys jo noras, ir nesurūpins, ką turi kiti.

Antroji stadija – noras atiduoti – skatina mus pastebėti žmones, kuriems galėtume atiduoti. Tačiau, kadangi mūsų pagrindinis noras yra gauti, mes tematome, kad „jie turi tai, ko neturiu aš". Antroji stadija verčia mus nuolat lyginti save su kitais, o pirmosios stadijos noras gauti – siekti pakilti virš kitų.

Beje, būtent todėl skirtingų šalių pragyvenimo minimumas nevienodas. Vebsterio (Webster) žodynas pragyvenimo minimumą apibrėžia kaip „žmogaus ar šeimos pajamų lygį, žemiau kurio prasideda skurdas pagal šalies vyriausybės priimtus standartus".

Jei visi aplink mane būtų tokie pat vargšai kaip aš, nesijausčiau vargšas. Jei visi aplink mane būtų turtingi, o mano pajamos vidutinės, jausčiausi pats didžiausias pasaulyje skurdžius. Kitaip tariant, mūsų normas diktuoja pirmosios stadijos (ką norime turėti) ir antrosios stadijos (norą nulemia tai, ką turi kiti) derinys.

Noras atiduoti, užuot užtikrinęs, kad mūsų pasaulyje būtų gera gyventi, iš tikrųjų yra viso pasaulyje esančio blogio priežastis. Tai ir yra mūsų sugedimo esmė. Vadinasi, viskas, ką turime ištaisyti, – ketinimą gauti pakeisti į ketinimą duoti.

Gydymas

Joks noras, jokia savybė nėra ydinga iš prigimties, o priklauso nuo to, kaip juos naudojame. Senovės kabalistai teigė: „Pavydas, geidulys ir garbės troškimas išveda žmogų iš pasaulio", – kas reiškia „iš mūsų pasaulio į dvasinį pasaulį".

Kaip gi taip? Jau sakėme, kad pavydas sukelia siekį konkuruoti, o konkurencija yra progreso variklis. Pavydas lemia kur kas geresnį rezultatą nei techniniai ir kiti materialiniai laimėjimai. Jehudis Ašlagas „Įvade į knygą *Zohar*" pažymi, jog žmonės gali jausti vienas kitą ir todėl patirti to, ką turi kiti, stygių. Kadangi jie pilni pavydo ir nori visko, ką turi kiti, tai kuo daugiau turi, tuo didesnę tuštumą jaučia. Galiausiai jie nori „praryti" visą pasaulį.

Taigi pavydas atveda žmogų iki to, kad šis negali tenkintis niekuo, išskyrus Patį Kūrėją. Tačiau Gamta vėl pasijuokė iš mūsų: Kūrėjas – noras duoti, altruizmas. Nors iš pradžių to nesuvokiame, iš tikrųjų mes, norėdami užimti vairuotojo vietą ir tapti kūrėjais, trokštame tapti altruistais. Taip per pavydą – pačią klastingiausią ir žalingiausią savybę – mūsų egoizmas nuteisia save mirti, panašiai kaip vėžys sunaikina jį priglaudusį organizmą, kol pats žūsta drauge su kūnu, kurį suardė.

Dar sykį galime matyti teisingos socialinės aplinkos svarbą: juk jeigu esame priversti pavydėti, tai bent jau daryti tai verta *konstruktyviai*, t. y. pavydėti to, kas atves mus į išsitaisymą.

Štai kaip kabalistai aprašo egoizmą: egoizmas panašus į žmogų su kardu, ant kurio ašmenų – kerinčiai kvapaus, bet mirtino gėrimo lašas. Žmogus žino, kad tai pražūtingi nuodai, tačiau nieko negali su savimi padaryti. Jis prasižioja, nulaižo gėrimą nuo ašmenų ir nuryja...

Teisinga ir laiminga visuomenė negali pasikliauti kontroliuojamu arba „kreipiamu reikiama vaga" egoizmu. Galime bandyti sulaikyti jį įstatymo taisyklėmis, bet tai teveikia, kol situacija netampa pernelyg pavojinga. Kažką panašaus matėme Vokietijoje – demokratiją, kol demokratiškai nebuvo išrinktas Adolfas Hitleris. Taip pat galima mėginti kreipti egoizmą tarnauti visuomenei, bet toks eksperimentas jau buvo daromas Rusijoje su komunizmu ir baigėsi liūdnai.

Net Amerika, laisvų galimybių ir kapitalizmo šalis, nesugebėjo padaryti savo piliečių laimingų. Anot „New England Journal of Medicine", „kasmet daugiau nei 46 milijonai amerikiečių nuo 15 iki 54 metų amžiaus kenčia depresijos priepuolius." 2006 m. birželio 6 d. „New York Times" publikacija „Archives of General Psychiatry" skelbia: „Stipriai veikiančių antidepresantų taikymas gydant vaikus ir paauglius ... nuo 1993 iki 2002 metų išaugo daugiau nei penkis kartus."

Baigiant galima pasakyti, kad tol, kol egoizmas vyraus, visuomenė liks neteisinga ir vienaip ar kitaip apvils savo narių lūkesčius. Galiausiai visos visuomenės žlugs drauge su jas pagimdžiusiu egoizmu. Teturime pasistengti, kad dėl visų gerovės tai įvyktų kuo greičiau ir neskausmingiau.

Paslėptis

Kabalistai Aukštesniosios jėgos nejautimą vadina „Kūrėjo veido pasléptimi". Ši paslėptis sukuria laisvės rinktis tarp mūsų pasaulio ir Kūrėjo (dvasinio) pasaulio iliuziją. Jei galėtume Jį matyti, tikrai jausti altruizmo privalumus, be abejo, teiktume pirmenybę Kūrėjo pasauliui, nes Jo pasaulis – davimo ir malonumo pasaulis.

Tačiau nematydami Kūrėjo, mes nesilaikome Jo taisyklių, netgi nuolat jas pažeidinėjame. Iš tikrųjų, jei mes ir žinotume tas taisykles, bet nematytume kančių, kurias užsitraukiame jas pažeidinėdami, veikiausiai pažeidinėtume ir toliau, nes manytume, jog likti egoistais yra daug smagiau.

Skyrelyje „Gyvenimo vadelės" minėjome, kad gamta paklūsta vienam dėsniui – malonumo ir kančios. Kitaip tariant, visa, ką mes planuojame, skirta palengvinti savo kančioms arba sustiprinti malonumams. Čia mes nesame laisvi. Bet kadangi nežinome, jog tos jėgos mus valdo, manome, kad esame laisvi.

Baruchas Ašlagas, Jehudžio Ašlago sūnus ir pats didis kabalistas, užrašinėjo iš tėvo išgirstus žodžius. Vėliau šie užrašai buvo išspausdinti atskira knyga, pavadinta „Išgirsta" („Šamati"). Vienuose užrašuose klausiama: jeigu mus sukūrė Aukštesnioji jėga, kodėl mes jos nejaučiame? Kodėl ji paslėpta? Juk jei žinotume, ko ji iš mūsų nori, nedarytume klaidų ir nekentėtume nuo bausmių.

Koks paprastas ir džiugus taptų gyvenimas, jei Kūrėjas parodytų Save! Mes neabejotume Jo buvimu ir visi galėtume pripažinti Jo valdžią mums bei visam pasauliui. Mes pažintume savo sukūrimo priežastį ir tikslą, stebėtume Jo reakciją į mūsų poelgius, bendrautume su Juo ir klaustume patarimo prieš atlikdami kokį nors veiksmą. Koks puikus ir lengvas būtų gyvenimas! Baruchas Ašlagas užbaigia mintį logiškai išplaukiančia išvada: vienintelis siekis gyvenime turėtų būti troškimas atskleisti Kūrėją.

Tačiau, kad įgytume realią laisvę, pirma reikia atsikratyti „malonumo ir kančios" dėsnio vadelių. Kadangi būtent egoizmas mums nurodo, kas yra malonumas, o kas – kančia, atrandame: norėdami tapti laisvi, iš pradžių turime išsivaduoti iš savojo egoizmo.

Laisvo pasirinkimo sąlygos

Likimo ironija: tikra pasirinkimo laisvė įmanoma tik esant Kūrėjo paslėpčiai. Taip yra todėl, kad labiau vertindamas vieną iš galimų variantų, mūsų egoizmas nepalieka mums kito pasirinkimo, išskyrus siekti to, ko norime. Tokiu atveju, netgi jei pasirenkame davimą, tai tas davimas yra dėl gavimo, arba egoistinis davimas. Kad poelgis būtų tikrai altruistinis ir dvasingas, jo vertingumas turi būti nuo mūsų paslėptas.

Turėdami galvoje, jog visa kūrinijos egzistavimo prasmė yra galiausiai išsivaduoti iš egoizmo, savo veiksmus visada kreipsime teisinga linkme – Kūrėjo link. Taigi, jeigu turime dvi galimybes ir nežinome, kuri iš jų suteiks daugiau malonumo (arba mažiau kančių), mums iš tikrųjų duodamas šansas laisva valia pasirinkti.

Jeigu ego nemato, kuris pasirinkimas geresnis, galima rinktis vadovaujantis skirtingomis vertybių sistemomis. Pavyzdžiui, galima savęs paklausti: kas leis daugiau atiduoti, o ne kas suteiks daugiau malonumo. Jeigu branginame atidavimą, tai padaryti bus lengva.

Galima būti egoistu arba altruistu, galvoti apie save arba apie kitus. Kito pasirinkimo nėra. Pasirinkimo laisvė egzistuoja, kai abi galimybės aiškiai matomos ir vienodai patrauklios (arba ne). O jeigu galėsiu pamatyti tik vieną galimybę, man teks realizuoti ją. Taigi pasirinkimo laisvė įmanoma tada, kai žmogus supranta savo ir Kūrėjo prigimtį. Vien su sąlyga, kad nežinau, kas suteiks daugiau malonumo, galėsiu iš tikrųjų laisvai pasirinkti ir neutralizuoti savąjį egoizmą.

Laisvas pasirinkimas

Pirmasis dvasinio darbo principas – „tikėjimas aukščiau žinojimo". Todėl prieš pradėdami kalbėti apie laisvo pasirinkimo įgyvendinimą turime paaiškinti kabalistinius terminus „tikėjimas" ir „žinojimas".

Tikėjimas

Praktiškai bet kurioje žemėje esančioje religijoje arba įsitikinimų sistemoje žodžiu „tikėjimas" nusakomas būdas kompensuoti žmogaus negebėjimą kažką išvysti ir suvokti. Kitaip tariant, nematydami Dievo mes turime tikėti Jo egzistavimu. Tokiu atveju kompensuojame savo negebėjimą Jį pamatyti. Toks reiškinys vadinamas „aklu tikėjimu".

Tačiau tikėjimas kaip kompensacija naudojamas ne tik religijoje, bet ir visose mūsų veiklos srityse. Pavyzdžiui, iš kur mes žinome, kad Žemė apvali? Argi skridome į kosmosą, kad savarankiškai tuo įsitikintume? Mes tikime mokslininkais, kurie mums sako, kad ji yra rutulio formos, nes laikome juos patikimais žmonėmis, patikrinusiais savo teiginius. Mes jais tikime; tai ir yra tikėjimas. Aklas tikėjimas.

Taigi neturėdami galimybės pamatyti patys, naudojame tikėjimą, kad užpildytume trūkstamas paveikslo dalis. Bet ši informacija nėra patikima ir svari – tai tiesiog aklas tikėjimas.

Kabaloje tikėjimu vadinama tai, kas visiškai priešinga, nei ką tik aprašėme. Kabalistams tikėjimas – juntamas, gyvas, išsamus Kūrėjo, gyvenimą valdančio dėsnio, suvokimas. Vadinasi, vienintelis būdas įgyti tikėjimą Kūrėju – tapti tiksliai tokiu pat kaip Jis. Antraip iš kur mums, apimtiems abejonių, žinoti, kas Jis yra arba kad Jis apskritai egzistuoja?

Žinojimas

Žodynuose galima rasti įvairių žodžio „žinojimas" apibrėžimų. (Pavyzdžiui, Lietuvių kalbos žodynas (*www.lkz.lt*) pateikia tokį apibūdinimą: „Žinojimas yra proto apsisprendimas dalyko akivaizdumu" – vertėjos past.)

Kaip sinonimus, be kitų žodžių, galima nagrinėti tokius „žinojimo" apibrėžimus: intelektas, protas ir logika.

Dabar paskaitykime pranašiškus kabalisto Barucho Ašlago žodžius, paaiškinančius, kodėl būtina pakilti virš žinojimo.

„Noras gauti buvo sukurtas todėl, kad Kūrėjo tikslas – teikti gėrį Jo kūriniams, o tam reikalingas indas malonumui gauti. Be to, neįmanoma pajusti malonumo, jeigu nėra jo poreikio, nes be tam tikro poreikio nejuntamas joks malonumas.

Šis noras gauti yra dvasinis Žmogaus (Adomo), kurį sukūrė Kūrėjas, paveikslas. Sakydami, kad žmogui bus suteiktas amžinas malonumas, turime galvoje norą gauti, kuris priims visus Kūrėjo suplanuotus jam perduoti malonumus.

Norui gauti buvo duoti tarnai. Tie tarnai – rankos, kojos, rega, klausa ir t. t. Į visus juos žiūrima kaip į žmogaus tarnus. Kitaip tariant, noras gauti – šeimininkas, o organai – jo tarnai.

Kaip įprasta, tarp jų yra vyresnysis liokajus, prižiūrintis pono tarnus, kad šie dirbtų geidžiamam tikslui – malonumui teikti, nes būtent to trokšta šeimininkas (noras gauti). Jeigu vieno iš tarnų nėra, su juo susijusio malonumo irgi nėra. Pavyzdžiui, jeigu žmogus kurčias, jis negeba mėgautis muzika. Jeigu neturi uoslės, negali mėgautis kvepalų aromatu.

Tačiau jeigu nėra smegenų (prižiūrėtojo), kurios panašios į darbų vykdytoją, prižiūrintį darbininkus, visas reikalas žlugs, o šeimininkas turės nuostolių. Jeigu kas nors turi savo įmonę, kurioje dirba daug tarnautojų, bet nėra gero valdytojo, jis gali bankrutuoti, užuot gavęs pelną.

Bet netgi jei nėra valdytojo (žinojimo), šeimininkas (noras gauti) yra. Netgi mirus valdytojui, šeimininkas tebegyvena. Jiedu gali būti nesusieti vienas su kitu."

Pasirodo, jei norime nugalėti norą gauti ir tapti altruistais, iš pradžių turime įveikti jo „štabo vadą" – savo pačių žinojimą. Vadinasi, „tikėjimas aukščiau žinojimo" reiškia, kad tikėjimas – tapimas tiksliai tokiu pat kaip Kūrėjas – turi būti aukštesnis (svarbesnis) nei žinios – mūsų egoizmas.

Būdas pasiekti šį tikslą turi du aspektus: asmeniniame lygmenyje – mokymosi grupę ir draugų ratą, kurie padeda sukurti aplinką, aukštinančią dvasines vertybes, o kolektyviniame lygmenyje reikia, kad visa visuomenė mokytųsi gerbti dvasines vertybes.

Dviem žodžiais

Viską, ką darome gyvenime, nulemia malonumo ir kančios principas: mes vengiame kančių ir vaikomės malonumų manydami, jog kuo mažiau tenka dirbti malonumui gauti, tuo geriau! Malonumo ir kančios principas – noro gauti padarinys, o šis noras kontroliuoja viską, ką darome, nes yra mūsų esmė. Taigi galime manyti esantys laisvi, bet iš tikro mus valdo gyvenimo „vadelės" – malonumas ir kančia, kuriuos savo rankose laiko mūsų egoizmas.

Keturi faktoriai nustato, kas mes esame:
1. pagrindas;
2. nekintančios pagrindo savybės;
3. savybės, kintančios dėl išorinių jėgų poveikio;
4. išorinės aplinkos pokyčiai.

Mes gebame paveikti tik paskutinįjį faktorių, bet būtent jis gali daryti įtaką visiems kitiems.

Taigi vienintelis mūsų turimas būdas nuspręsti, kuo būsime, – pasirinkti paskutinį faktorių, kuris leis kontroliuoti ir keisti aplinką. Kadangi paskutinio faktoriaus pasikeitimai daro įtaką visiems kitiems faktoriams, keisdami jį keičiamės patys. Jeigu norime išsivaduoti iš egoizmo, būtina pakeisti aplinką į tokią, kuri remia altruizmą, o ne egoizmą.

Kai tik išsilaisvinsime iš egoizmo pančių, galėsime žengti dvasingumo link. Dėl to reikia vadovautis principu „tikėjimas aukščiau žinojimo".

Kabaloje „tikėjimas" reiškia tobulą Kūrėjo suvokimą. Tikėjimą galime įgyti savybėmis, norais, ketinimais ir mintimis tapdami lygūs Jam. Terminas „žinojimas" susijęs su intelektu, mūsų egoizmo „prižiūrėtoju". Kad pakiltume aukščiau žinojimo, lygybę su Kūrėju turime padaryti svarbesnę, vertingesnę už bet kokį egoistinį malonumą, kurį tik galime įsivaizduoti.

Asmeniniame lygmenyje mes didiname Kūrėjo (altruizmo) reikšmę pasitelkdami knygas (arba kitas informacijos priemones), draugus ir mokytoją, kuris rodo mums davimo pirmenybę. Visuomenės lygmenyje stengiamės skleisti altruistiškesnes vertybes.

Tačiau (ir tai būtina pasikeitimo sąlyga) altruistinės vertybės neturi būti perimamos tik todėl, kad mūsų gyvenimas šiame pasaulyje taptų malonesnis. Tikslas turi būti mūsų pačių ir visuomenių pusiausvyra su gamta, o tai reiškia – su vieninteliu realybės dėsniu – altruizmo dėsniu – su Kūrėju.

Kai mes, kaip individai ir kaip visuomenė, sukuriame tokią aplinką, aplinkos vertybės pamažu keičia mūsų vertybes ir mūsų egoizmas natūraliai, lengvai bei maloniai transformuojasi į altruizmą.

Kitos Michaelio Laitmano knygos lietuvių kalba

Kabala. Pagrindiniai teiginiai

Tai viena pirmųjų iš daugiau nei 40 Michaelio Laitmano knygų, kurios išverstos į 16 pasaulio kalbų. Ji padės suprasti pagrindinius aiškiai ir paprastai išdėstytus kabalos mokslo principus. Čia rasite atsakymus, kas yra autentiška kabala, kokie jos metodai ir tikslas, kodėl ištisus šimtmečius ji buvo slepiama, apipinama legendomis bei mistika ir, svarbiausia, – kuo ji naudinga žmogui. Be to, paaiškės, kur slypi valios laisvė, kaip veikti savo likimą, kaip nepasimesti globalių problemų akivaizdoje.

Raktas į kabalą. Klausimai ir atsakymai

Šiame informatyviame leidinyje kabala nušviečiama ypač aiškiai ir paprastai. Klausimų įvairumas bei atsakymų gilumas įkvėps apmąstymams ir naujiems atradimams. Sulig kiekvienu puslapiu skaitytojas pajaus, kaip plečiasi jo suvokimas. „Raktas į kabalą" veda skaitytoją iš praeities į ateitį, atskleisdamas būsenas, kurias anksčiau ar vėliau patiria visi studijuojantieji kabalą. Branginantiems kiekvieną gyvenimo akimirką autorius siūlo neįkainojamas beribio kabalos mokslo žinias.

Kas yra kabala?

Daug kas girdėjo, kad kabala yra slaptasis mokslas. Būtent uždarumas, paslapties šydas davė pretekstą apie ją sukurti daugybę legendų, falsifikacijų, profanacijų, gandų, nemokšiškų svarstymų bei išvadų. Tik XX amžiaus pabaigoje kabalos mokslas ėmė sklisti pasaulyje. Knygelės autorius nori sugriauti per šimtmečius susiformavusius mitus apie senąjį ir šiuolaikinį kabalos mokslą, skirtą visiems žmonėms.

Slaptoji Biblijos prasmė

Kai studijuojame Torą (Penkiaknygę, Bibliją), privalome suvokti pagrindinę taisyklę: visi Biblijoje ir kitose šventosiose knygose parašyti žodžiai – ne mūsų pasaulio objektai. Jie simbolizuoja dvasinius objektus ir šaknis, kurie neturi nieko bendro su mūsų pasauliu. Niekad neturime susipainioti! Biblija aiškina Aukštesniojo pasaulio gimimą, jo sandarą ir raidos planą, o paskui Žmogaus sukūrimo procesą. Tačiau tai ne mūsų pasaulio žmogus. Biblija kalba apie noro gauti malonumą (vadinamą siela arba Adomu) sukūrimą siekiant užpildyti šį norą (kūrinį, sielą) amžinu absoliučiu malonumu.

Dvasia ir kūnas

Naujos žmogaus savybės gimsta panašiai kaip žmogaus kūnas: iš pradžių atsiranda atitinkamos ląstelės tėvo ir motinos organizme, paskui kartu susilieja. Ima vystytis naujas organizmas, visiškai savęs neįsisąmoninantis – kaip dar neįsisąmoninta mintis. Po to palaipsniui tas naujas darinys vis labiau jaučia save, atsiskiria nuo savo pirminių priežasčių, įgyja savimonę. Viena susieta su kitu: kiek išsilaisvinama iš gimdytojų valdžios, tiek įgyjama savarankiškumo. Ir atvirkščiai. Gimimas – valdžios pakeitimas. Dvasinis gimimas yra savo valdžios pakeitimas į Kūrėjo valdžią: žmogus geranoriškai paklūsta Kūrėjo valiai, nori eiti nepaisydamas savo proto, vadovaudamasis aukštesnės dvasinės pakopos išmintimi.

www.ingramcontent.com/pod-product-compliance
Lightning Source LLC
Chambersburg PA
CBHW071457080526
44587CB00014B/2133